Sabático
o poder da pausa

Iara Vilela
Jornalista especializada
em viagens

Eberson Terra
LinkedIn Top Voice e autor
de *Carreiras Exponenciais*

Sabático
o poder da pausa

Por que dar um tempo vai mudar para sempre sua perspectiva sobre **trabalho**, **carreira** e **vida**

ALTA BOOKS
GRUPO EDITORIAL
Rio de Janeiro, 2023

Sabático O Poder da Pausa

Copyright © 2023 da Starlin Alta Editora e Consultoria Eireli.
ISBN: 978-85-508-2027-9

Impresso no Brasil — 1ª Edição, 2023 — Edição revisada conforme o Acordo Ortográfico da Língua Portuguesa de 2009.

Todos os direitos estão reservados e protegidos por Lei. Nenhuma parte deste livro, sem autorização prévia por escrito da editora, poderá ser reproduzida ou transmitida. A violação dos Direitos Autorais é crime estabelecido na Lei nº 9.610/98 e com punição de acordo com o artigo 184 do Código Penal.

A editora não se responsabiliza pelo conteúdo da obra, formulada exclusivamente pelo(s) autor(es).

Marcas Registradas: Todos os termos mencionados e reconhecidos como Marca Registrada e/ou Comercial são de responsabilidade de seus proprietários. A editora informa não estar associada a nenhum produto e/ou fornecedor apresentado no livro.

Erratas e arquivos de apoio: No site da editora relatamos, com a devida correção, qualquer erro encontrado em nossos livros, bem como disponibilizamos arquivos de apoio se aplicáveis à obra em questão.

Acesse o site www.altabooks.com.br e procure pelo título do livro desejado para ter acesso às erratas, aos arquivos de apoio e/ou a outros conteúdos aplicáveis à obra.

Suporte Técnico: A obra é comercializada na forma em que está, sem direito a suporte técnico ou orientação pessoal/exclusiva ao leitor.

A editora não se responsabiliza pela manutenção, atualização e idioma dos sites referidos pelos autores nesta obra.

Dados Internacionais de Catalogação na Publicação (CIP) de acordo com ISBD

T323s   Terra, Eberson
         Sabático O Poder da Pausa: Por que dar um tempo vai mudar para sempre sua perspectiva sobre trabalho, carreira e vida/ Eberson Terra, Iara Vilela. - Rio de Janeiro : Alta Books, 2023.
         160 p. ; 15,7cm x 23cm.

         Inclui índice.
         ISBN: 978-85-508-2027-9

2023-1008   1. Autoajuda. I. Vilela, Iara. II. Título.   CDD 158.1
         CDU 159.947

Elaborado por Odilio Hilario Moreira Junior - CRB-8/9949

Índice para catálogo sistemático:
1. Aperfeiçoamento pessoal 158.1
2. Relatos de viagens 910.4

Produção Editorial
Grupo Editorial Alta Books

Diretor Editorial
Anderson Vieira
anderson.vieira@altabooks.com.br

Editor
José Ruggeri
j.ruggeri@altabooks.com.br

Gerência Comercial
Claudio Lima
claudio@altabooks.com.br

Gerência Marketing
Andréa Guatiello
andrea@altabooks.com.br

Coordenação Comercial
Thiago Biaggi

Coordenação de Eventos
Viviane Paiva
comercial@altabooks.com.br

Coordenação ADM/Finc.
Solange Souza

Coordenação Logística
Waldir Rodrigues

Gestão de Pessoas
Jairo Araújo

Direitos Autorais
Raquel Porto
rights@altabooks.com.br

Assistente da Obra
Ana Clara Tambasco
Erick Brandão

Produtores Editoriais
Illysabelle Trajano
Maria de Lourdes Borges
Paulo Gomes
Thales Silva
Thiê Alves

Equipe Comercial
Adenir Gomes
Ana Claudia Lima
Andrea Riccelli
Daiana Costa
Everson Sete
Kaique Luiz
Luana Santos
Maira Conceição
Nathasha Sales
Pablo Frazão

Equipe Editorial
Andreza Moraes
Beatriz de Assis
Beatriz Frohe
Betânia Santos
Brenda Rodrigues

Caroline David
Elton Manhães
Gabriela Paiva
Gabriela Nataly
Henrique Waldez
Isabella Gibara
Karolayne Alves
Kelry Oliveira
Lorrahn Candido
Luana Maura
Marcelli Ferreira
Mariana Portugal
Marlon Souza
Matheus Mello
Milena Soares
Patricia Silvestre
Viviane Corrêa
Yasmin Sayonara

Marketing Editorial
Amanda Mucci
Ana Paula Ferreira
Beatriz Martins
Ellen Nascimento
Livia Carvalho
Guilherme Nunes
Thiago Brito

Atuaram na edição desta obra:

Revisão Gramatical
Simone Sousa
Thamiris Leiroza

Diagramação
Rita Motta

Capa
Rita Motta

Editora afiliada à: ASSOCIAÇÃO BRASILEIRA DE DIREITOS REPROGRÁFICOS

ASSOCIADO CBL Câmara Brasileira do Livro

Rua Viúva Cláudio, 291 – Bairro Industrial do Jacaré
CEP: 20.970-031 – Rio de Janeiro (RJ)
Tels.: (21) 3278-8069 / 3278-8419
ALTA BOOKS GRUPO EDITORIAL
www.altabooks.com.br – altabooks@altabooks.com.br
Ouvidoria: ouvidoria@altabooks.com.br

Dedicamos este livro às nossas mães, Cecília e Fátima, que, mesmo tendo que conviver com a nossa distância física, nunca deixaram de apoiar nossos projetos pessoais e profissionais, inclusive quando partimos para viver a experiência mais transformadora que tivemos até agora: nosso Sabático!

Agradecimentos

EM DEZEMBRO DE 2021, durante um dos eventos de lançamento do livro *Carreiras Exponenciais,* em São Paulo, pude finalmente conhecer pessoalmente o meu editor, J.A. Ruggeri. Nosso primeiro encontro foi rápido, mas muito proveitoso.

Entre a troca de informações sobre as ações de divulgação da minha primeira obra, ele me pegou de surpresa com um convite para lá de inusitado naquela altura do campeonato: ele estava se colocando à disposição para avaliar novos projetos, caso eu já tivesse algo em mente para apresentar.

O papo me pareceu um pouco precipitado, afinal eu era um escritor novato que tinha acabado de ter o seu primeiro livro publicado há poucos dias.

Mesmo assim, eu ouvi tudo em silêncio enquanto percebia a empolgação crescer em seu rosto. Ele me incentivou a pensar em escrever um segundo original e que a Editora Alta Books estava de portas abertas para me ajudar a tirar essas novas ideias do papel (ou seria colocá-las nele?).

Ideias não faltavam, mas eu não tinha parado para analisar a possibilidade de partir para uma nova obra tão cedo. Eu precisava de um tempo para absorver todos os aprendizados que tive ao longo da aventura insana que me envolveu lançar *Carreiras Exponenciais*.

Mas vi no gesto um voto de confiança importante para que eu refletisse seriamente sobre tal possibilidade.

Levei o desafio para casa e decidi compartilhar a conversa sobre o convite com a Iara, que, além de minha parceira na vida, é jornalista e foi essencial na revisão do meu primeiro original. Quando o tema Período Sabático tomou forma, não havia outro caminho a não ser trazê-la para escrever comigo um livro sobre uma fase da nossa vida que vivemos 100% juntos. E, da mesma forma que aconteceu em nossa decisão de viver um Período Sabático durante um café da manhã, lá em 2015, topamos conduzir juntos esse novo projeto, no mesmo rito matinal, anos depois.

Como temos uma rede de pessoas incríveis à nossa volta, contamos com o apoio de vários amigos que dedicaram muito mais que tempo para ouvir nossas ideias, mas participando ativamente do projeto e fornecendo informações técnicas e científicas riquíssimas para o texto.

Nosso muito obrigado a Victória Blanco Lima, Matheus de Souza, Carlos Renato Periotto e Kenneth Corrêa, que compartilharam um pouco de seus conhecimentos e experiências para deixar esse livro à altura de sua leitura.

Em especial, gostaríamos de agradecer imensamente ao querido Mauro Segura, por aceitar o convite de escrever o prefácio deste livro, contando um pouco sobre a sua experiência. Suas palavras inspiradoras formaram uma linda carta de amor à vida.

Nota dos autores

Este não é um livro para ficar bonitinho na estante.

Nosso principal objetivo aqui é te ajudar a pensar e planejar o próprio Período Sabático, mas de uma forma prática.

Desde o primeiro momento, fizemos questão de trazer nossa experiência, claro, mas também fornecer informações relevantes e que pudessem mostrar o passo a passo de como organizar sua jornada.

É por isso que, acima de tudo, nosso desejo é que você tome o livro como um amigo que vai te guiar, por isso risque e rabisque tudo que achar interessante. Faça anotações, dobre a orelha da página, encha de post-its e deixe tudo colorido de marca-texto.

Tenha uma ótima leitura.

Abraços,

Iara e Eberson

Sumário

PREFÁCIO
Reescrevendo o contrato da vida — 1

UMA HISTÓRIA MAIS COMUM DO QUE SE PENSA! — 11
Karoshi — 13

PARTE 1
RAÍZES & HISTÓRIAS

História do Sabático — 21
Sabático na vida moderna — 22
Trabalhar para viver ou viver para trabalhar? — 25
Período Sabático não é estilo de vida — 29

PARTE 2
SOBRE LARGAR TUDO, SAÚDE MENTAL E UM NOVO ESTILO DE VIDA

E que tal largar tudo? — 37
Saúde mental antes, durante e depois do Sabático — 40
A Grande Ressignificação — 45
Qual a melhor forma de se tirar um Sabático? — 48
O Sabático não é extensão das férias! — 52

PARTE 3
SONHANDO COM OS PÉS NO CHÃO

Período Sabático é uma pausa em suas atividades laborais, mas não uma pausa intelectual	59
O que quer fazer com o seu Sabático	61
Começando a planejar	63
Qual o tempo certo para você?	66
Na rua, na chuva, na fazenda ou numa casinha de sapê	70
Finanças, conforto e desconforto	75
Quando voltar	89

PARTE 4
#PARTIUSABÁTICO

Iniciando o seu Sabático: A importância de reaprender a viver	95
Explorando o objetivo do seu Sabático	102
Mantendo seu *networking* ativo durante o Sabático	119
Minimalismo e o Sabático	123

PARTE 5
RECOMEÇOS

Voltei e agora: sou um estranho no ninho?	129
Travessia	131

POSFÁCIO

Sabático e o futuro: Essa prática continuará existindo?	137

ÍNDICE   141

Prefácio – Reescrevendo o contrato da vida

ERAM 10 HORAS DA MANHÃ do dia 15 de julho de 2020. Eu estava no alto do Monte Imperial, na cidade de Vassouras, no interior do estado do Rio de Janeiro. O tempo estava fechado, nuvens negras imensas no céu e árvores se contorcendo por conta da ventania. Uma imensa tempestade estava se armando. Parecia noite e não havia mais ninguém. Até porque era uma loucura estar naquele morro com raios prestes a cair. Naquele dia, eu completava 60 anos de idade.

Olhando para as nuvens, eu conversava com Deus através dos meus pensamentos: "Pode me levar agora. Eu estou pronto para encarar. Já vivi o melhor da minha vida e não há motivos para eu continuar por aqui. Não foi você que mudou a minha vida? Então faz o serviço completo."

Fiquei mais de três horas debaixo de um céu carregado e com rajadas fortíssimas de vento. O mundo parecia estar prestes a acabar. No entanto, enquanto estive lá, não caiu uma única gota de chuva. Não caiu um raio. Cansei de bradar com Deus. Sentei-me no barranco íngreme, no topo da pirambeira, e fiquei mirando o vilarejo lá embaixo e as palmeiras imperiais que balançavam de um lado para o outro.

Ao voltar para a cidade caminhando, já nas ruas de pedra, a chuva caiu com força e os raios explodiram na região do monte onde estava até então. Definitivamente, Deus deixou para fazer o serviço depois da minha desistência.

Este episódio em Vassouras foi o clímax de um processo que mudou (e continua mudando) a minha vida. Eu vivia um momento muito singular. Estava sozinho, sem emprego e sem propósito de vida. Meses antes, eu havia ficado viúvo, após um maravilhoso casamento de trinta e cinco anos. Eu decidi pedir demissão na reta final da cruel doença da minha amada para viver integralmente ao lado dela.

Antes disso, eu vivia uma agenda insana, sem tempo para nada, com um nível elevadíssimo de pressão e ansiedade. De repente, de forma radical, os meus dias passaram a ser sem agenda, sem trabalho, sem e-mails, sem telefonemas, sem reuniões, sem demandas, sem hora para acordar, nem para dormir... sem nada. Não havia mais a sensação de encarar o relógio como um cronômetro, estabelecendo torturantes limites e funcionando como uma ampulheta. O relógio passou a girar indefinidamente para frente, sem alarmes e sem interrupções.

O senso de urgência desapareceu por completo. Ganhei um vazio enorme a ser preenchido. Passei a fazer as coisas na velocidade que desejava, sendo eu o pleno soberano decisor das minhas prioridades de vida. No entanto, eu me sentia perdido porque não sabia como viver desamarrado e liberto. Em seguida, veio a pandemia da Covid-19, com todos assustados e confinados socialmente. Passei a viver enclausurado na caverna dos meus lutos, fugindo de tudo e de todos.

Algumas perguntas me atormentavam: Por que e para que estou vivo? Qual é o propósito da minha vida?

Após a negação no topo do morro, ficou claro que Deus ainda me queria por aqui. Se ele não me jogou um raio na cabeça, provavelmente é porque ainda tinha algo para me oferecer ao não me abandonar. Tal convicção reforçou um pensamento que nascia em minha mente: eu poderia estar diante de um portal da minha existência, uma espécie de passagem que levaria a minha vida terrena para uma nova dimensão de razão e propósito. E se aquele momento fosse o início da fase mais maravilhosa da minha vida? Por que não?

Ainda em Vassouras, passei dias pensando nisso, incrustado na minha solidão intencional. O incômodo só aumentava. Era hora de tomar outra direção, de me transformar e procurar coisas totalmente novas e de me repensar como ser humano.

Em algum momento, ainda naquela semana, durante uma longa caminhada, surgiu uma nova questão na minha cabeça: será que o que estou sentindo é o *click* que as pessoas sentem quando falam em fazer um Período Sabático? Aliás, será que é isso o que chamam Sabático? Eu nunca havia pensado e considerado fazer um Sabático. Será que eu havia entrado nele sem saber? Como bom engenheiro que sou, pensei: "Preciso estudar e me planejar para isso."

Ao voltar para o Rio, comprei um caderno verde. Peguei uma etiqueta branca, colei no canto inferior da capa brilhosa e escrevi: "Sabático." Pensei: "Pronto, agora é só começar a escrever."

Estar diante de um caderno totalmente em branco foi muito torturante, especialmente para pessoas como eu, que gostam de cadernos organizados, com letra bonita, sem riscos ou rascunhos, com datas e anotações claras e bem ordenadas. A questão é que o período que eu vivia parecia pedir exatamente o contrário: desorganização, subversão, aleatoriedade, transgressão, idas e vindas, incômodo e desconforto. Ou seja, folhas rasuradas e amassadas.

Passei a conversar com amigos e colegas sobre minhas dúvidas, sobre o meu desejo de entrar num Sabático, mas só recebi mensagens me desejando sucesso. Não me lembro de ninguém apresentando uma direção ou boa experiência para compartilhar comigo. Um grande amigo me ligou e filosofamos sobre o que é um Sabático. Ele disse: "Quero ajudá-lo! Quais são os seus interesses?" Eu respondi: "Os interesses eu não sei, mas servem desinteresses?" A conversa foi curta.

Lembra do tal caderno verde? Até hoje ele está completamente em branco. Desisti dele faz tempo.

Novas perguntas surgiam: o que fazer para esse Período Sabático realmente valer a pena? Como agir para ele ser transformador, para me desenvolver como ser humano e fazer surgir um novo Mauro? Como encontrar um Mauro mais feliz, mais pleno, me permitindo descobrir novos potenciais e talentos, com maior sentido de realização e razão de vida? Os meses seguintes foram de mais perguntas, cujas respostas foram surgindo a conta gotas. E, até hoje, respostas aparecem... gota a gota.

Até pouco tempo atrás, eu não tinha certeza se o que eu vivi foi realmente um Sabático, apesar de ter usado o termo desmedidamente para descrever a minha experiência. Quando o livro de Eberson e Iara chegou em minhas mãos, tudo ficou mais claro. Aliás, cabe dizer que me senti muito honrado ao receber o convite dos dois para idealizar este prefácio, mas também senti muito desconforto, por insegurança de escrever algo à altura do conteúdo espetacular que compõe este livro.

Os relatos transparentes e lúcidos desse casal jogaram luzes no meu processo. A forma como descrevem suas jornadas e seus aprendizados é incrivelmente poderosa porque nos leva para dentro dos fatos. Por diversas vezes, vi-me envolvido pelas linhas aqui escritas, fazendo fortes conexões com a minha própria história, com as idas e vindas que vivi ao longo do tempo tentando me encontrar e buscar uma direção para minha vida.

Se este livro estivesse em minhas mãos há mais tempo, eu certamente estaria realizando uma jornada de ressignificação de vida muito mais clara, estruturada e acelerada. Apesar dos autores evitarem o uso da palavra "guia", eu estou certo de que o livro funciona como um manual ou cartilha para quem deseja se preparar para viver um verdadeiro Sabático.

O livro é uma joia de múltiplas faces porque pode ser consumido como o leitor desejar: na ordem natural de leitura, como também superfunciona se você ler os capítulos de forma desestruturada, escolhendo temas aleatoriamente, conforme seu interesse e necessidade.

Como o livro bem diz, não existem fórmulas ou receitas prontas. Cada um tem que construir a própria experiência, até porque os Sabáticos podem ter inúmeras razões, objetivos e propósitos. Tais experiências acontecem a partir de nossas escolhas, que envolvem múltiplos fatores individuais e não compartilháveis. Cada ser humano tem seu próprio conjunto de crenças, valores e visão de mundo.

É impraticável dizer como um Sabático pode ou deve ser. No entanto, o livro torna-se fenomenal ao abordar diretamente as perguntas que todos fazemos, sem meias palavras, provocando reflexão, sinalizando possíveis horizontes e alternativas, jogando sementes, permitindo que o leitor elabore suas próprias respostas e crie sua jornada individual.

As aprendizagens dessa jornada dependem diretamente da profundidade com que as experiências são vivenciadas durante o período. No meu caso, o Sabático me jogou em um intenso e virtuoso processo de autoconhecimento que até hoje parece uma viagem sem fim e que ainda vem me ensinando muitas coisas. Hoje, verdadeiramente, sinto-me um ser humano melhor.

Nesta minha viagem interior, identifiquei mudanças comportamentais que considerei fundamentais para o meu desenvolvimento pessoal. Elas parecem ser contraintuitivas com o meu estilo de vida do passado, talvez por isso tenham tanta importância no meu processo de transformação interior.

Uma das lições mais relevantes que aprendi com o Sabático foi o "lidar com o tempo". Eu vivi boa parte da minha vida sacrificando o presente para construir um futuro imaginário. Pensava: "Agora está difícil, mas, no futuro, tudo vai melhorar." Eu vivia com pressa para aquele futuro lindo chegar logo, mas cada vez que eu avançava, ele ficava mais distante.

O amanhã é construído a partir das minhas decisões e atitudes de hoje, consciente de que fatos inesperados e indesejados podem mudá-lo em qualquer tempo. Eu sei muito bem disso, porque os meus lutos destruíram os futuros que eu sonhava. Portanto, o que importa é viver integralmente o presente, tendo a lucidez de que as escolhas de hoje é que determinarão o meu futuro. Minhas escolhas são a minha liberdade.

O Sabático e os meus processos de luto subverteram a minha eterna relação mal resolvida com o tempo. Para vivê-los integralmente, eu tive que me jogar neles com intensidade, em um mergulho profundo, sem noção de até onde eu iria. Esses processos exigiram entrega, paciência, perseverança e, principalmente, tempo. Por mais que a jornada seja árdua, parecendo até impossível de ser superada, é imperioso seguir em frente e consumir o tempo que for necessário.

A jornada do Sabático não é uma corrida, não é uma maratona, mas é uma espécie de peregrinação, onde o tempo é o companheiro de viagem indispensável para alcançar o ponto de chegada desejado. Deixei de lutar contra o tempo. Ele não é mais meu inimigo. Esse tempo que tenho para mim, que eu não tinha antes, é o segredo de tudo. Ele precisa ser meu aliado.

A minha experiência sabática foi solitária. Quando falava de Período Sabático com pessoas, quase sempre uma das primeiras perguntas que eu recebia era: "E para onde você viajou?" Essa é uma pergunta natural e recorrente, mas carrega uma percepção completamente equivocada sobre Sabático.

Viajar é realmente maravilhoso. Conhecer lugares novos é sensacional. Comer coisas diferentes é prazeroso. Mas a real viagem sabática, aquela que vale a pena, é aquela que acontece dentro de nós. É quando pulamos fundo dentro de nós para descobrirmos quem realmente somos, o que desejamos viver e realizar na vida terrena que temos. Esse é o melhor Sabático! É o que nos transforma e nos liberta.

Assim cruzei o deserto dos lutos e cheguei em uma praia linda, de horizonte azul, onde estou hoje e onde encontrei um novo amor, brilhante e infinito. Nunca imaginei que eu poderia me apaixonar novamente, mas aconteceu. É uma paixão que alimenta o meu coração e a minha alma, que me dá propósito e vontade de viver.

Com ela, não é que eu vá viver a fase mais maravilhosa da minha existência. Eu já estou vivendo! Mudei, vivo em outra cidade que considero fascinante, voltei a trabalhar, porém, em um modelo bem diferente do passado. Sinto-me feliz e pleno. Continuo viajando por caminhos novos e desconhecidos, em uma viagem interminável de descobertas e novas experiências. O meu futuro é o presente.

Que você construa a sua viagem. Coloque este livro debaixo do braço e absorva cada capítulo até ter todas as páginas amassadas e rabiscadas. O livro vai lhe dar *insights* importantes para direcioná-lo a uma nova missão de vida, mas nunca deixe de ter em mente que o melhor do Sabático é a viagem que você faz dentro de você.

Portanto, boa viagem!

Mauro Segura

Deixei de lutar contra o tempo.

Ele não é mais meu inimigo.

Esse tempo que tenho para mim, que eu não tinha antes, é o segredo de tudo.

Ele precisa ser meu aliado.

Uma história mais comum do que se pensa!

Campinas — São Paulo, Dezembro de 2015

Cheguei em casa naquela noite com minhas mãos mais trêmulas do que os dias anteriores. Estacionei o carro na garagem, entrei pela cozinha e fui direto para a sala de TV tentar confirmar se a tática que vinha funcionando nas noites anteriores me ajudaria a ficar calmo novamente.

Já fazia alguns meses que ficar na frente da TV por alguns minutos me ajudava a relaxar. Não importava o canal ou se estava no mudo, eu só precisava ficar sentado ali.

Naquele dia, passei horas olhando fixo para a tela (não assistindo) e minhas mãos não paravam de tremer. A ansiedade, ao invés de diminuir, só aumentava. Outros sintomas colaterais começaram a aparecer, como o suor excessivo e o coração que batia, acelerado, sem parar.

Fiquei na mesma posição, sentado e sem falar uma palavra por umas 4 horas. Só depois desse tempo me dei conta de que teria uma reunião muito importante no dia seguinte pela manhã e já passava de uma da madrugada.

Como de costume, fui ao banheiro, tomei um banho quente e fui pra cama. Mesmo não tendo problemas para dormir, alguns hábitos noturnos interrompiam meu sono já há alguns anos.

Um deles era o de abrir o aplicativo de e-mail no meu celular no meio da madrugada para verificar se algo urgente tinha chegado na caixa de entrada. Obviamente, nem eu, nem ninguém da minha equipe teria o que fazer se alguma destas hipotéticas mensagens, com um problema gigantesco, chegasse àquela hora da noite. Afinal, eu sabia muito bem que, se algo extremamente relevante acontecesse naquela empresa de serviços, ninguém "morreria" e era completamente possível esperar até a manhã seguinte para resolvê-lo.

Mas lá estava eu, me "matando" aos poucos sem nem saber o real motivo de tanta preocupação.

Talvez fosse o medo do julgamento. O medo de falhar com a empresa que me deu tanta oportunidade e que ajudei a construir; de desapontar meus líderes que confiaram a mim o posto de diretor dos processos de faturamento de uma companhia S/A avaliada em mais de R$15 bilhões.

Até aquela noite, eu levei a situação em banho-maria. O incômodo era diário, mas tolerável. Sabe aquela expressão: "Não preciso de médico, isso é frescura"? Era mais ou menos o que eu imaginava na época. Eu sentia que algo estava errado, mas não tinha "tempo" para refletir, tampouco para procurar ajuda. Afinal, melhorar após algum tempo em frente à TV me parecia algo completamente aceitável.

Mas não naquela noite.

Meus pensamentos pareciam um redemoinho. Eu não parava de ruminar os problemas do trabalho e, ao mesmo tempo, fazia conjecturas sobre minha saúde. Estaria prestes a ter um infarto? Seria apenas estafa ou era sintoma físico do que chamam de *burnout*[1]?

---

[1] Distúrbio de caráter depressivo, precedido de esgotamento físico e mental.

As preocupações e memórias começaram a recair sobre um mesmo evento: a perda de uma colega de trabalho alguns anos antes e como aquilo tinha me abalado na época. O temor de deixar esta vida sem ter realizado muitos dos sonhos que eu tinha me deixou tão desolado quanto a partida da Elsni.

De todos os ensinamentos que ela me deixou, o maior deles veio à tona novamente naquela situação, de que se eu não priorizasse a minha saúde e meu equilíbrio interior, talvez estivesse desperdiçando um tempo único de ter uma vida harmoniosa e bem vivida.

Ou seja: exatamente tudo o que eu não fazia naquela ocasião.

Sem compreender o que de fato acontecia comigo, aproveitei que estava com o celular na mão, cansado de atualizar a tela da Caixa de Entrada, e abri o navegador para fazer o que boa parte de nós fazemos hoje, e lá fui eu pesquisar no Google sobre sintomas da síndrome de *burnout*.

Apesar de muito conteúdo espalhado pela rede, uma palavra japonesa me chamou a atenção. Era a primeira vez que lia algo sobre aquilo: *Karoshi*.

Karoshi

KAROSHI SIGNIFICA morte por excesso de trabalho. Dizem que o primeiro caso aconteceu em 1969, quando um funcionário da companhia de jornal do Japão teve um derrame após trabalhar arduamente em uma tiragem maior do que a habitual.

A origem do fenômeno neste local pode não ser coincidência. As décadas que sucederam a Segunda Guerra Mundial, a qual devastou o país, foram de forte reconstrução econômica e, por isso, podem ter sido uma das causas para o surgimento deste efeito, já que muitos executivos e trabalhadores simplesmente começaram a morrer subitamente, mesmo sem nenhum histórico de problemas de saúde. Simplesmente pela exaustão de longas jornadas de trabalho e a ausência de períodos suficientes de descanso.

Mais recentemente, em 2009, o termo foi novamente veiculado na imprensa, quando um engenheiro da Nanya Technology, em Taiwan, foi encontrado morto na frente de seu computador. O fato foi associado às mais de 19 horas diárias que ele trabalhava há pelo menos 3 anos ininterruptos.

Apesar de grave, a minha impressão é de que, com o passar do tempo, a sociedade começa a relativizar certos problemas ao invés de encará-los e, neste caso, percebemos uma repetição que acabou virando não apenas um subterfúgio para exploração massiva dos profissionais, mas também um lema que os profissionais incorporaram como padrão comportamental bastante degradante para si mesmos.

Quantas vezes você já presenciou ou ouviu alguma história de líderes que enaltecem quem fica até mais tarde no trabalho e preterem aqueles que querem sair no horário combinado? Aliás, um parêntese importante aqui, acho uma burrice sem tamanho associar horas trabalhadas com produtividade, nem sempre elas são sinônimas!

A verdade é que este padrão de estimular o trabalho excessivo saiu do discurso da liderança e passou a ser também um "estilo de vida" profissional. Se hoje queremos ser produtivos 100% de nosso tempo, estamos excluindo momentos de lazer e ócio de nossas vidas como se representassem uma fraqueza.

Esse foi o meu caso. Eu precisava me doar 100% para que, na minha visão, não me vissem como um profissional que faz corpo mole para o trabalho duro!

Não foram nem uma nem duas vezes que saí de férias levando notebook e celular para parecer que estava 24 horas por dia online para a empresa, e isso me fez perder momentos incríveis para ganhar dores de cabeça que nem mesmo eu teria como resolver sozinho. Mas, de certo modo, aquele *modus operandi* alimentava minha sensação de responsabilidade com o meu empregador e me cegava para a total falta dela com minha família e comigo mesmo.

Se eu estivesse sempre de cabeça cheia, eu não teria "tempo" para cuidar da minha saúde, muito menos da minha vida pessoal. E ela estava em frangalhos, totalmente abandonada. Como não morava na minha cidade natal, eu ficava cada vez mais afastado da minha família e dos amigos. Eu já tinha perdido meu pai anos antes, e nem assim me toquei que precisava zelar e me comunicar com mais frequência com a minha mãe. Falávamos esporadicamente, a cada 15 dias ou mais. Com a Iara, minha esposa, a distância não era física, mas estava perigosamente grande.

Eu também tinha abandonado os exercícios físicos. O lema da falta de tempo passou a ser uma constante desculpa para que péssimos hábitos ocupassem minhas lacunas de descanso fora do trabalho. Sim, elas existiam, mas, internamente, eu não conseguia explorá-las com sabedoria.

Geralmente "ficar sem fazer nada" era gatilho para "arrumar o que fazer". Para mim, era hora de começar a estruturar projetos futuros da empresa, pensar em melhorias de processos que, dentro da minha jornada operacional, eu não conseguia ou não estava sabendo compartilhá-las corretamente com a equipe.

Então, como eu poderia simplesmente culpar a empresa da minha situação se eu mesmo havia me transformado em um agente que alimentava a roda da minha própria ansiedade?

Tentei me lembrar de quando me tornei um *workaholic* e quando isso deixou de ser prazeroso para ter consequências negativas na minha vida. Não encontrei e nem encontraria se ficasse mais mil anos tentando.

É que, para chegar neste estágio, precisamos viver um processo periódico de quebra de limites e não apenas de um fato isolado. O meu estágio em questão era o limiar entre algo muito mais profundo e perigoso para minha saúde, e reconheço a sorte que tive em perceber isso a tempo, sendo que muita gente, infelizmente, não consegue.

A verdade é que, com a piora dos sintomas físicos, e da exaustão mental, aliada à lembrança da morte da minha amiga, Elsni, no auge de seus 42 anos e a palavra *Karoshi,* formaram uma espécie de bomba que explodiu dentro de mim.

Eu finalmente encontrei um Eberson que fazia tempo que não reconhecia em mim. Aquele "eu" que nunca esteve disposto a morrer de trabalhar! E, veja: não é sempre culpa das empresas. Muitas são, de fato, quem armam o gatilho de tudo isso, mas quem dispara somos nós mesmos.

Para romper aquele ciclo, eu teria que estar também disposto a me dar um tempo. E, se fosse necessário, eu daria um tempo de muitas outras coisas para ganhar o "privilégio" de ter o meu próprio.

Naquela madrugada, algo de fato mudou dentro de mim, mas aquilo não me transformou imediatamente em um ser humano melhor, apenas marcou o início de uma longa caminhada que continuo trilhando dia após dia até hoje.

Hoje, ainda me considero um *workaholic* em reabilitação.

Só meses depois daquele fatídico dia é que encontrei uma maneira para sair da espiral que estava. Algo chamado Período Sabático, que até então parecia servir apenas para pessoas muito ricas, funcionários públicos com licenças-prêmio ou colaboradores de *startup* descoladas. E nenhum desses casos se aplicava à minha pessoa.

Sem contar que eu precisaria mudar não apenas o rumo da minha carreira, mas também colocar minha vida inteira de cabeça para baixo para, quem sabe, encontrar a direção certa.

E é por isso que, a partir desse momento, escrevo este livro a quatro mãos, pois ninguém melhor que a pessoa que esteve 24h ao meu lado para relatar como foi essa aventura.

Vamos contar, ao longo das próximas páginas, não só como foi a nossa preparação física, mental e financeira para viver o ano mais transformador das nossas vidas, mas, principalmente, compartilhar tudo o que deu certo e errado para você planejar o seu próprio Sabático.

Eu precisaria mudar não apenas o rumo da minha carreira, mas também colocar minha vida inteira de cabeça para baixo para, quem sabe, encontrar a direção certa.

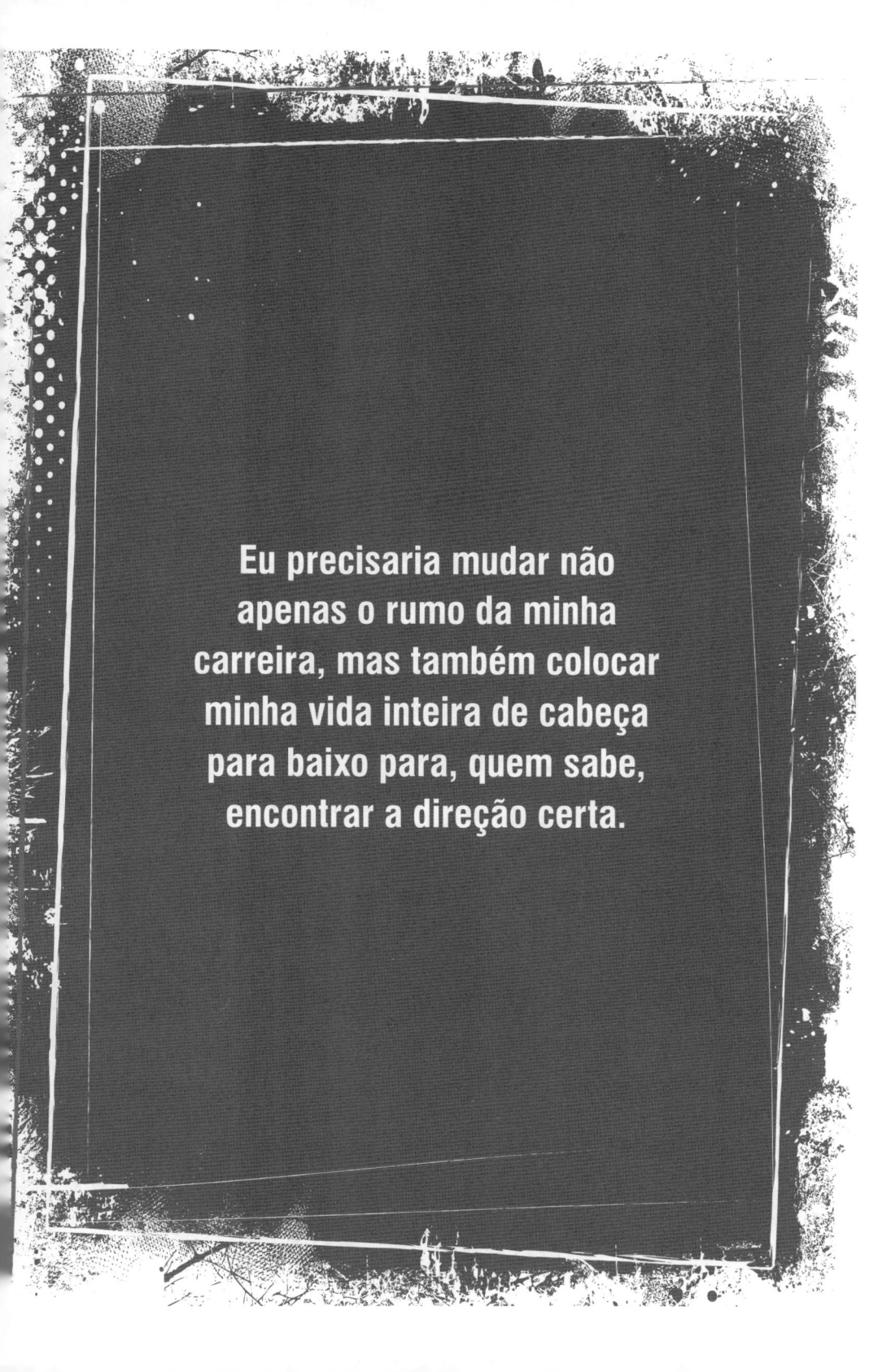

Moscou – Rússia

Parte 1

RAÍZES & HISTÓRIAS

História do Sabático

COMO ESTE LIVRO é sobre o Período Sabático, uma prática antiquíssima, nada mais justo do que dedicar alguns parágrafos para te explicar o contexto de onde, quando surgiu esse termo, como ele atravessou o campo religioso e virou algo que atrai pessoas de todas as idades no mundo moderno. Então vamos à história!

Para isso, precisamos voltar no tempo. Voltemos para cerca de três mil anos atrás, de quando datam as escrituras com os primeiros indícios do Shmita.

Shmita (שביעית) e *shəvi'it* (שמיטה) são os termos mais utilizados quando o assunto é Ano Sabático na Torá, o livro sagrado Judeu. Registros semelhantes também aparecem na Bíblia e no Alcorão. A primeira palavra tem sua tradução literal como "liberação", enquanto a segunda quer dizer "sétimo".

A tradição já pode começar a ser entendida com base na escrita, mas ver como ela vem sendo aplicada ao longo dos séculos também é importante. A Torá determina que durante o Shmita, que ocorre a cada sete anos, o cultivo seja paralisado por um ano inteiro, deixando a terra em repouso. Isso vale para todas as atividades, como arar o solo, plantar, podar e colher, por exemplo.

Como estamos falando de um costume milenar, é interessante se lembrar de que naquele tempo as principais atividades estavam ligadas ao trabalho no campo e à troca e venda dos itens produzidos na área rural.

Pela tradição cristã e judaica, assim como o sábado (o sétimo dia) é um dia importante de descanso, o Período Sabático parte da mesma premissa, inclusive tendo a origem do termo no *shabat* do judaísmo, que também quer dizer sábado. Veja o conceito no Antigo Testamento:

> "A terra deve ter um período de descanso, um sábado para Deus. Por seis anos, você pode plantar seus campos, podar seus vinhedos e colher suas safras, mas o sétimo ano é um sábado de sábados para a terra. É o sábado de Deus, durante o qual você não pode plantar seus campos, nem podar suas vinhas."
>
> *(Levítico 25:1-7)*

Assim nasce o termo "Ano Sabático"!

Ah, e antes que você se dê ao trabalho de pesquisar no Google, sim, essa tradição do Ano Sabático judaico ainda existe e a pausa mais recente ocorreu entre 2021 e 2022.

Sabático na vida moderna

Passados muitos séculos, o termo "Período Sabático" ganhou novos contornos de uma forma curiosa. Lá, por volta de 1880, a prestigiada Universidade de Harvard queria muito contratar um professor que dava aulas em outro lugar. Charles Lanman era um filólogo famoso e respeitado. Durante a negociação, ele fez uma proposta surpreendente e um tanto quanto ousada: aceitaria o cargo desde que, a cada seis anos trabalhados, lhe concedessem uma licença remunerada de 12 meses.

E reza a lenda que assim o Sabático se mesclou com o trabalho e o mundo corporativo na vida moderna.

Veja bem, isso aconteceu logo após o início da Revolução Industrial. Lanman era um explorador-nato, estudioso e curioso. Na visão dele, para continuar sendo o ótimo profissional que chamou a atenção de uma das melhores universidades do mundo, ele precisaria de um tempo de qualidade não só para se atualizar em sua área de atuação, mas também para viver. E, no seu caso, incluía ter experiências mais profundas e viajar para destinos que não caberiam em alguns poucos dias de férias.

Depois disso, as licenças de até um ano viraram prática nas universidades americanas, até chegarem na indústria. Nos anos 1950, a gigante da tecnologia IBM lançou um programa de pausa não remunerada que está ativo até hoje!

A IBM oferece ao funcionário regular a possibilidade de solicitar licença de até 36 meses para atender necessidades pessoais. Dentre elas, há uma opção descrita como "oportunidades únicas e educação", na qual entende-se que um Sabático se encaixaria. A licença não compreende o trabalho em outra empresa ou negócio próprio.

Para elegibilidade ao programa, o colaborador precisa ter ao menos um ano de empresa e a aprovação do gerente imediato. Durante esse período, o contrato de trabalho do funcionário ficará suspenso, mas seu seguro de vida será mantido. Ao final da licença, a empresa busca realocar o colaborador na mesma posição ou em uma vaga similar, que vá ao encontro de seus conhecimentos.

Mais de 200 anos depois de Lanman, passando à criação de um dos programas de licença mais longevos da história e toda reconfiguração trabalhista que ocorreu de lá para cá, o que ainda motiva tanta gente a ainda buscar por essa pausa?

Jornada excessiva de trabalho, saúde mental e falta de propósito costumam estar entre as principais respostas.

Gap Year: a pausa dos estudantes

O período ou Ano Sabático não está apenas ligado à religião e ao mundo do trabalho. A prática de pausar as atividades estudantis é bastante comum entre jovens em diversas culturas, sobretudo a europeia.

Dizem que o *gap year* na juventude nasce na década de 1960 com a geração *baby boomer*, a primeira após a Segunda Guerra Mundial. A prática serviria para que esses novos cidadãos conhecessem outras culturas, visitando países vizinhos na esperança de evitar novas guerras no futuro, mas a real é que não existe uma comprovação de que esse movimento realmente tenha acontecido a ponto de desenvolver um padrão cultural.

Já na década de 1980, a ideia do *gap year* ganhou mais força nos Estados Unidos com um professor chamado Cornelius Holland Bull, que identificou a necessidade dos jovens terem um tempo focado em seus crescimentos individuais antes de ingressarem na faculdade. Sabe aquele limbo entre terminar o Ensino Médio e entrar na faculdade? Então! A ideia era que os jovens aproveitassem esse período para viajar ou desenvolver habilidades práticas.

Na época, ele fundou o *Center for Interim Programs*, que tinha como objetivo aumentar o autoconhecimento dos estudantes do ensino médio para fazerem uma transição mais eficaz e significativa para as cadeiras universitárias.

Por isso, é comum que o *gap year* aconteça ao final do Ensino Médio, mas também pode ocorrer mais cedo, logo após concluir o Ensino Fundamental. O bacana é que muitas escolas colocam essa opção na grade curricular e disponibilizam alguns cursos como, por exemplo, ensinar as burocracias da vida adulta, que vai desde cuidar de bebês até como declarar o imposto de renda.

Enquanto o Período Sabático vinculado ao trabalho representa um hiato nas atividades, o *gap year* ou *"year off"* permite que os estudantes tenham tempo para experimentar novas experiências, aprender novos idiomas e desenvolver habilidades antes da escolha de uma profissão.

Neste período, os jovens podem explorar diferentes assuntos de seu interesse enquanto ganham maturidade e aí, sim, começam a faculdade. Esse tempo acaba sendo importante para refletir sobre quais caminhos desejam trilhar profissionalmente, além de vivenciar situações do mundo real que podem ajudar na assimilação das teorias que serão estudadas na jornada acadêmica.

Trabalhar para viver ou viver para trabalhar?

Com certeza, você já ouviu essa frase acima.

Não é fácil encontrar o equilíbrio quando se projeta uma carreira, e é mais difícil ainda quando os valores de produtividade são baseados apenas em horas e mais horas e mais horas de trabalho. Ultrapassar o horário do expediente é tão normal para parte da nossa sociedade, que chega a ser algo bem visto por muitas empresas.

Ainda assim, foi comprovado que a força trabalhadora no Brasil tem baixíssima produtividade em um estudo realizado pela Fundação Getúlio Vargas, que avaliou 68 países. Na Noruega (topo do ranking), seus cidadãos trabalham 1.426 horas por ano, gerando 100 dólares por hora trabalhada. Já no Brasil, trabalha-se mais e gera-se um valor bem menor: são 1.711 horas anuais trabalhadas, gerando apenas 16 dólares de retorno a cada 60 minutos.

Por incrível que pareça, países com as jornadas menos rígidas acabam gerando mais renda/lucro a cada hora trabalhada. Enquanto isso, por aqui, se normatizou um expediente tão rígido, que independente da área que atue, dificilmente você tem uma carga horária que te permita trabalhar menos do que 8 horas por dia, 5 dias na semana, durante 11 meses por ano (isso quando a empresa permite que tire 30 dias corridos de férias, né?).

Se tem cargo de liderança, faz parte do time executivo de uma grande companhia ou trabalha em serviços essenciais (médicos, jornalistas, comércio), aí sabemos bem que seu turno é muito maior e os plantões aos sábados, domingos e feriados são uma constante.

E olha que nem estamos falando da jornada no lar, que costuma ser ainda maior para as mulheres, pois é para quem, infelizmente, acaba sobrando boa parte dos afazeres domésticos.

Uma vida com tantos dias e horas focados no escritório, falta tempo para o básico, como consultas médicas ou resolver assuntos burocráticos no banco.

Mas também falta tempo para o óbvio: viver!

A descrição chega a soar clichê, mas é toda real: dias, meses e anos vão passando até que um dia você percebe que não viveu metade das experiências que queria. Que pôde até ter ascendido profissionalmente, mas que nunca mais teve tempo para brincar com os filhos ou aproveitar a família, quem dirá tirar do papel as tão sonhadas aulas de violão ou botar em prática o plano de viajar de moto até Ushuaia.

O prazer de viver bem é, sim, julgado na nossa sociedade e um dos motivos para tal absurdo ainda existir é que dia após dia a gente cai nessa armadilha. Seja por colocarmos a questão financeira em primeiro lugar ou por darmos mais espaço do que deveríamos para a comparação e opinião alheia.

O fato é que ter uma jornada excessiva de trabalho é tão exaustiva física e psicologicamente, que, muitas vezes, demoram anos até que você consiga perceber tudo isso, entender seus sentimentos e reagir.

E, quando reage, a dose do remédio precisa ser cavalar: uma longa pausa.

Descontentamento

Que atire a primeira pedra quem nunca se sentiu descontente. Seja com a vida pessoal, profissional ou até financeira, em algum momento ao longo dos nossos dias, o descontentamento vai nos fazer companhia.

Essa ideia de uma vida 100% feliz e realizada é coisa de rede social, onde as pessoas postam apenas um fragmento, um recorte posado, bem editado e com cores saturadas.

A vida real, aquela que acontece de verdade, tem seus percalços. A gente precisa aprender a lidar com isso.

Mas, e se esse sentimento não passar? Pior... e se ele der vazão a outros a ponto de perceber que você realmente não está feliz onde está? Se isso acontecer, a primeira coisa que deve ser feita é ter sinceridade consigo e depois, óbvio, reavaliar as decisões que te trouxeram até aqui.

Segundo a psicóloga Victória Blanco Lima, além de ser algo natural, é inclusive importante nos sentirmos insatisfeitos, pois o descontentamento geralmente "nos leva a querer mudar nosso entorno, progredir e viver melhor".

No entanto, quando o descontentamento se torna permanente e constante, a dica da profissional é que devemos ficar atentos, já que isso pode ter virado patológico, pois a pessoa "sempre quer alcançar a perfeição em tudo, é extremamente exigente e crítica com tudo e todos, estabelece metas irreais e não tolera o fracasso".

Outro fator que deve ser levado em conta é o meio onde vivemos, já que infelizmente "a sociedade moderna contribui para que as pessoas estejam mais insatisfeitas, em uma época que ter vale mais do que ser", finaliza.

Trocando em miúdos, não há problema algum em querer sair de onde você está, mas é extremamente importante entender os motivos que te levam a pensar e sentir toda essa carga emocional.

Se a comparação é inevitável, tente ao menos compreender seus sentimentos, aproveitar o que pode ajudar a te inspirar ou impulsionar e descartar o restante. Se for muito difícil, busque ajuda profissional e corra dos gurus que tentarem empurrar goela abaixo que felicidade é uma questão de escolha.

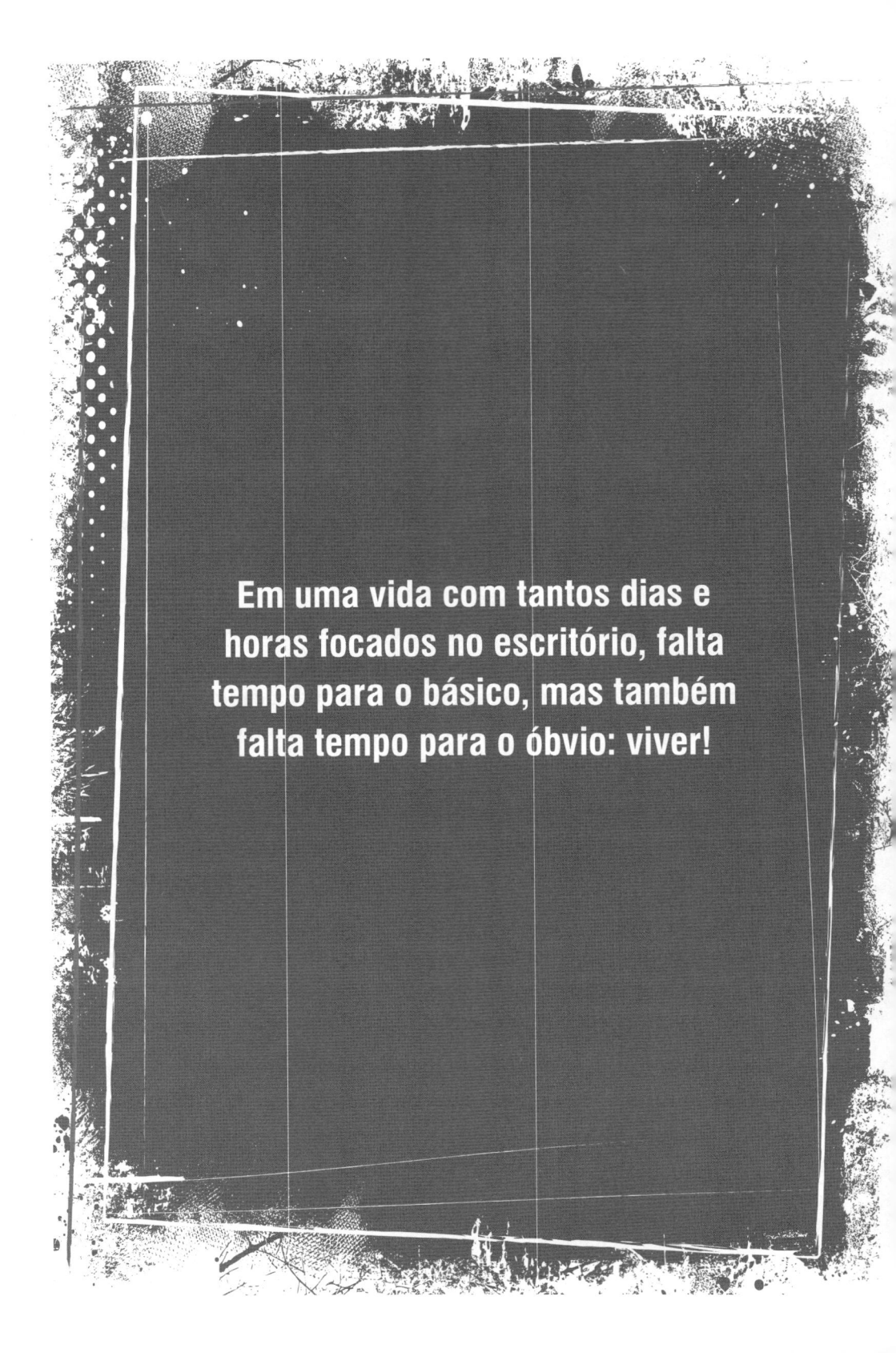

Em uma vida com tantos dias e horas focados no escritório, falta tempo para o básico, mas também falta tempo para o óbvio: viver!

Período Sabático não é estilo de vida

Após essa breve explicação sobre a origem, achei por bem vir te falar que Período Sabático não é um estilo de vida e que não deve ser confundido com Nomadismo Digital. Não, não é uma regra que eu decidi criar, mas é que tanto os objetivos quanto a forma de vivê-los são completamente diferentes.

Vou contar um pouco da minha experiência para que você entenda bem a diferença entre os dois e, ao final deste capítulo, tenho certeza de que vai concordar comigo.

Eu, Iara Vilela, nasci em 1987 e costumo dizer que parte do meu futuro foi definido quando eu tinha uns 6 ou 7 anos de idade e visitei pela primeira vez o jornal impresso que ficava no mesmo quarteirão que a minha casa.

Na época, havia um caderno infantil e fui até lá para ser entrevistada em uma espécie de "perfil da semana", no qual respondi um questionário importantíssimo, contando, dentre outras coisas, que meu prato favorito era churrasco com salada de maionese (se você é dessa época, aposto que, na sua casa, a decoração dessa iguaria clássica dos anos 1990 era uma flor de tomate e ramos de salsinha).

Ao fim da entrevista, me levaram para conhecer as instalações do periódico e assim que eu passei por um dos corredores, vi pessoas frenéticas conversando em uma sala e foi a partir de então que tudo mudou: me lembro do exato momento em que, ainda na porta, decidi que, no futuro, eu queria ser igual a elas.

A sala em questão era a redação, onde todos os jornalistas trabalham. E para a mini-Iara, curiosa e inquieta, aquela sala cheia de pessoas, telefones e computadores era o auge da modernidade.

Anos depois, já formada em jornalismo, eu me via em uma rotina que internamente não fazia sentido algum. Trabalhar aos sábados, domingos e feriados era uma constante tão grande que era difícil ver a família que, na época, morava há mais de 700 quilômetros de distância.

Eu tentava a todo custo fugir desse sentimento ruim, já que, afinal de contas, eu vivia meu sonho! Além de ser a primeira pessoa da família que foi à universidade, eu estava na profissão que escolhi ainda criança e, de quebra, numa afiliada da Rede Globo, uma das maiores comunicadoras do mundo.

Parecia até um pecado se sentir descontente.

Mas eu olhava para os colegas mais experientes, em quem eu me inspirava profissionalmente, e só conseguia pensar que não queria ter a vida pessoal deles. Dentre muitas renúncias, os via educando seus filhos pelo telefone ou ligando para seus parceiros para explicar que, mais uma vez, se atrasaria porque surgiu uma pauta urgente.

Olha, não estou julgando o fato de priorizar o trabalho quando se faz algo que se ama! Já diria o poeta Chorão: "cada escolha uma renúncia, isso é a vida", mas era algo que EU não queria mais para mim.

Por mais que fosse apaixonante estar no meio da notícia, quando eu colocava tudo na balança, os contras eram mais pesados que os prós, principalmente quando se tratava de tempo para viver. Então eu aproveitava cada um dos meus dias de férias para viajar.

Já estava acostumada a pegar a estrada já no primeiro dia de folga e voltar apenas no domingo que antecedia meu retorno ao trabalho. Mas aquele respiro não era o suficiente. E foi assim até o dia que Eberson foi transferido de Cuiabá para Londrina e, pouco depois, para Campinas.

Por conta das constantes mudanças — que também topei realizar, já que sempre tomamos as decisões em conjunto —, eu já tinha começado a escrever sobre turismo como freelancer e a relatar minhas viagens em um blog, o Viajando Aprendi (@viajandoaprendi).

Foi a primeira vez que eu pude vislumbrar uma vida fora de uma redação tradicional, mas isso ainda parecia uma realidade tão, mas tão distante, que, por um bom tempo, insisti em procurar uma vaga CLT para chamar de minha.

Para ser bem honesta, hoje sei que não buscava um emprego. Eu queria mesmo era a aprovação de pessoas ao meu redor que só validariam um trabalho se ele fosse em um escritório e ocupasse o máximo de horas possíveis do meu dia.

Até que, em 2017, de mais um freela veio a proposta dos sonhos: escrever remotamente sobre turismo para um dos maiores portais do meio. Foi a partir dessa experiência que tudo mudou, pois vi com meus próprios olhos que era completamente possível uma vida fora das quatro paredes de uma redação. E então, finalmente decidi que só entraria em projetos nos quais pudesse colaborar trabalhando de forma remota.

Pois bem, eu estava vivendo meu sonho profissional, escrevendo do conforto do meu lar (ou viajando!), mas o Eberson estava vivendo um pesadelo. O *burnout,* ou algo do tipo, batia à porta da nossa casa e, como você já sabe, ele pediu demissão de uma grande empresa para tirar um Período Sabático.

Acontece que ele, sim, mas eu não.

Não totalmente, pelo menos. Quando chegamos à conclusão de que iríamos passar quase 6 meses viajando ininterruptamente, cada um precisou se ajustar. Não dava para se isolar em uma cabana! Eu precisava de internet 24h por dia para trabalhar, precisava fazer reuniões, escrever, editar e criar conteúdo.

Mesmo com a maravilha que é um trabalho remoto, ainda assim é um trabalho.

Isso interferiu diretamente no nosso roteiro, hospedagem e atividades. Ele estava se adaptando à pausa brusca do mundo corporativo, quase uma desintoxicação, e eu vivendo como Nômade Digital.

Além de tudo, por conta do fuso horário, eu tinha reuniões durante a noite, já que ainda era de tarde no Brasil. Então era relativamente comum que ele saísse para aproveitar o tempo livre que tinha de sobra enquanto eu passava horas trabalhando. E foi assim até que, três meses antes do final da viagem, eu me juntei a ele em uma pausa total das minhas atividades.

Eis as diferenças

Enquanto um de nós continuava trabalhando normalmente, o outro tinha o benefício do ócio. E essa diferença é brusca quando aplicada ao dia a dia, já que um Nômade Digital continua com sua carreira e trabalho, utilizando a internet enquanto viaja para se fazer presente no escritório.

A rotina de reuniões, prazos, entregas e tudo mais, continua a existir na vida profissional do Nômade Digital como se estivesse fisicamente na empresa, mesmo que ele esteja há milhares de quilômetros dali, remotamente.

O Período Sabático não é um estilo de vida justamente pelo fato de seu princípio, que é você se abdicar das atividades laborais. Nesse período, você vai estudar, viajar, refletir sobre a vida ou simplesmente "a doçura de — **poder** — não fazer nada", que eu adaptei da famosa expressão italiana "*Il dolce far niente*".

Sem contar que o Sabático tem prazo para acabar. Independente de você tirar 3 meses ou um ano, uma hora esse período terá fim.

Outra diferença é que os períodos Sabáticos não envolvem, necessariamente, viajar como todo mundo acredita. Mas essa seria uma maneira de usar a sua pausa no trabalho para transitar de uma carreira presencial para o nomadismo. Se for esse seu objetivo, utilize o tempo para entender como funcionam os trabalhos remotos, se é possível fazer isso na sua área de atuação e o principal: entender se você gosta da vida na estrada.

Pode parecer absurdo, mas a verdade é que viver como nômade não é para todo mundo. Viajar cansa, muitas vezes pode ser um pé no saco não ter um endereço fixo e nem todo mundo consegue trabalhar a partir de cafés e salas de aeroportos.

E não se engane: aquela imagem de nômade trabalhando plenamente em um ambiente decorado com muitas plantas e tons terrosos é coisa para tirar uma foto e bombar. A vida real não é bem assim, e pouco importa se você está trabalhando a partir de uma *Starbucks* ou de qualquer outro lugar charmoso, a verdade é que a realidade é bem menos glamourosa que uma foto do Instagram.

É o que alerta Matheus de Souza, colunista da Folha de São Paulo e autor de *Nômade Digital*, livro finalista do Prêmio Jabuti. Segundo ele, existe uma diferença importante entre trabalhar remotamente e se tornar um nômade digital.

Nem sempre os profissionais que deixaram os escritórios e se encontram realizados no trabalho remoto hoje, querem se tornar nômades digitais — eles podem simplesmente trabalhar de forma remota de suas casas, via home office tradicional.

Para demonstrar a diferença, Matheus cita a visão de Pieter Levels, fundador do site *Nomad List*, que defende a ideia de que até 2035 o mundo terá cerca de 1 bilhão de nômades digitais: "Eu acho a previsão exagerada, mas consigo imaginar um mundo com 1 bilhão de trabalhadores remotos", ou seja, alguns com endereço fixo e outros não.

Independente de seguir uma vida como nômade, trabalhar remotamente de casa ou tirar um Período Sabático, é maravilhoso que tanta gente tenha despertado para o fato de que uma vida laboral diferente da tradicional é possível.

Ainda assim, é primordial que as expectativas sejam alinhadas.

Porto – Portugal

Parte 2

SOBRE LARGAR TUDO, SAÚDE MENTAL E UM NOVO ESTILO DE VIDA

E que tal largar tudo?

Há algusn anos eu, Iara, publiquei um artigo no meu blog Viajando Aprendi intitulado *"Porque largar tudo para viajar não é a melhor opção"*, no qual eu expliquei minha visão sobre essa ideia que julgo irresponsável. Lembro-me de que o texto foi parar em alguns grupos de viagem do Facebook e a maior parte dos comentários feitos por lá só corroboraram com tudo que escrevi no post.

É por isso que resolvi abordar esse assunto aqui no livro, para que possamos refletir juntos.

Bom, a primeira coisa a se pensar sobre esse tal "largar tudo" é o momento pelo qual a pessoa que o faz está passando. Geralmente, ela está tão insatisfeita com alguma (ou várias) área de sua vida, que o único caminho que enxerga é chutar o balde.

Mas essa mesma pessoa que chuta esquece que, em algum momento, vai ter que buscar o balde de volta para enchê-lo novamente. Me desculpe o trocadilho ruim, mas a verdade é essa.

Imagine a cena: você está infeliz com seu trabalho, relacionamentos ou qualquer outro aspecto, aí vê alguém diretamente de uma praia paradisíaca vendendo um sonho dourado de que é possível tirar um Sabático ou cair no mundo com pouca grana, e quase nada de planejamento. "Basta querer", ela provavelmente te diria.

Que é possível, até que é. Você pega seu acerto, vende seu carro e com a grana, vai. Muito simples, não é mesmo?

Mas a pergunta que vale milhões é a seguinte: **E DEPOIS?!**

Você não vai viajar para sempre e, a não ser que tenha uma herança multimilionária na conta, um dia terá que voltar e é nessa hora que a realidade vai te atingir em cheio.

Se o problema era o trabalho, são grandes as chances da insatisfação voltar em um piscar de olhos, já que retornará com o orçamento zerado e por isso é muito provável que aceite qualquer trampo, a qualquer salário.

Se eram seus relacionamentos que te incomodavam, veja só essa novidade: as pessoas continuarão aqui. E os problemas? Bom, estarão do jeitinho que os deixou. Talvez até maiores, já que foram alimentados pela distância e pela fuga repentina.

Para ser bem honesta, o que eu quero que compreenda é que o maior problema do largar tudo não é nem o ato em si, mas o depois. É mais do que normal querermos que tudo que nos incomoda desapareça como um passe de mágica, mas a gente não consegue fugir a vida inteira e o amanhã sempre chega!

A essa altura, você deve estar se perguntando: Ok! Então o que devo fazer?

E a minha resposta é mais do que simples, ela é óbvia: planejar-se! E não, não estou falando apenas de dinheiro. Tudo isso também tem a ver com saúde mental e conhecimento de quem a gente é e do que realmente quer e espera da vida.

O truque é se planejar antes de tudo ficar insustentável! Longe de mim ser *good vibes,* mas independentemente do fato de um dia fazer um Sabático ou uma volta ao mundo de mochilão, é primordial entender os sinais que corpo e mente nos dão dia após dia.

Dar a devida atenção aos pensamentos, emoções e sentimentos ajuda a enxergar com a clareza necessária para não cairmos no erro de agir apenas quando estivermos prestes a explodir. Conhecer suas vontades e anseios, pontos fortes e fracos, tudo isso pode te ajudar a encarar as adversidades de uma forma que não culmine no momento de você jogar tudo para o alto. Pelo menos não antes da hora certa.

Claro que cada um tem seu próprio caminho. Eu, por exemplo, faço parte do grupo que foi para a terapia, já o Eberson viu na corrida uma conselheira, mas você pode meditar, ler, pensar na vida embaixo do chuveiro ou sentar na frente do computador e fazer uma planilha no Excel. Tudo isso é válido. Mas o faça antes de acender o pavio do barril de pólvora.

Não tem mágica

Eu sei que isso pode soar como um balde de água fria para quem pegou este livro na esperança de ser encorajado com frases como "Largue tudo", "Você só tem uma vida" ou "Faça isso enquanto é jovem". Desculpe te decepcionar, mas não acreditamos que esse seja o caminho.

As frases acima até estão certas, mas quando usadas no contexto correto. Sim! Queremos que você realize o sonho de tirar um tempo para fazer algo que te traga conforto interno e felicidade, mas queremos que faça isso com responsabilidade e que, no final, o saldo seja positivo.

Falo isso com propriedade, pois foi o que fizemos. Não tínhamos a mínima pretensão de um Período Sabático, mas entendemos que, apesar de gratos, não queríamos aquela vida para sempre. Então, meses antes de colocarmos o pé na estrada, começamos a nos planejar não apenas financeira (tem um capítulo só disso neste livro), mas psicologicamente também.

É por isso que nas próximas páginas vamos falar sobre saúde mental, *Burnout*, e como fazer para segurar as pontas até que seja a hora de enfim sair para a sua jornada.

Por agora, apenas se lembre disso: não chute o balde se você tiver que ir buscá-lo novamente.

Saúde mental antes, durante e depois do Sabático

SAÚDE MENTAL FOI UM TEMA que teve muito destaque durante a pandemia de Covid-19, isso porque o isolamento causou danos psicológicos em muita gente. O que é para lá de compreensível, não é mesmo?

E quando se trata de Período Sabático, o assunto também deve ser levado em conta, e a nossa dica é que você dê atenção a esse assunto não apenas antes, como também durante e depois. Como já conversamos antes, o ideal é que o Sabático não seja uma fuga dos problemas, e sim uma oportunidade de enxergar as coisas de outra maneira e quem sabe até mudar o rumo da sua vida.

E quando insistimos que a saúde mental deve ser priorizada antes mesmo de iniciar seu Sabático, é porque dificilmente você vai escutar alguém dizer que estava tudo em ordem e do nada, resolveu pausar a carreira ou sair do emprego para passar um ano viajando, aprendendo a pintar ou acompanhar o crescimento dos filhos. Na verdade, o que se encontra na maioria das vezes são pessoas com o sentimento de vazio, ou que estão em busca de recuperar o tempo perdido em algum aspecto da vida, e querem se reconectar com algo ou consigo mesmas.

E da largada até essa conclusão, geralmente percorremos caminhos tortuosos.

Se no início deste livro, eu, Eberson, relato o que chamo de um "quase *burnout*", o que fazer para não surtar e acabar chutando o balde quando as coisas estiverem difíceis?

Para responder a essa e outras perguntas, trouxemos novamente a nossa convidada, a psicóloga Victória Blanco, que já de cara traz luz ao fato de que prestar atenção em si mesmo e aos sinais do corpo são coisas extremamente importantes. "É necessário ficar alerta. O indivíduo deve começar a desconfiar de que o estresse se tornou um algo a mais quando as reações físicas estão em níveis patológicos ou evidenciam sintomas de outras doenças."

Ou seja: é preciso aprender a diferenciar "apenas" um dia ou fase difícil no trabalho — que é algo comum — do que realmente é um ciclo rotineiro de estresse que te faz mal. Claro que o diagnóstico de qualquer doença física ou mental só pode ser feito por profissionais, mas sintomas como falta de ar, insônia, dor de cabeça frequente, transpiração, dor muscular, dentre outros, são claros sinais que corpo e mente estão dando de que as coisas não estão bem.

No nosso caso, foram meses de planejamento, juntando grana e organizando a vida pessoal e profissional. Mas se eu já estava prestes a explodir, então como consegui a proeza (ou milagre?) de não surtar nesse período?

Bom, não foi fácil, mas o ato de tomar a decisão de mudar de vida por si só já trouxe imenso alívio, algo confirmado por quase todas as pessoas com quem pudemos conversar ao longo da vida.

Então tenha em mente que colocar um objetivo claro é algo que funciona para muita gente e por aqui não foi diferente.

Pessoalmente, nossa principal meta foi financeira, pois queríamos ter não apenas o suficiente para a viagem que planejávamos, mas também para viver por um tempo após o retorno. Já a sua meta pode ser entregar um projeto do trabalho, a formatura da faculdade ou qualquer outra coisa que simbolize um ciclo completo e, então, estará tudo pronto para iniciar a sua jornada.

Mas nem só de metas vive uma pessoa que deseja fazer um Sabático. Se ela também estiver em sofrimento psicológico, será necessário ter ajuda profissional, além de tentar equilibrar sua vida e rotina.

Se você reconheceu um ou mais sintomas listados anteriormente, dê uma pausa na leitura, reflita e busque ajuda. "Fazer terapia contribuirá, pois auxilia a pessoa a encontrar padrões de comportamento a serem alterados, assim como dá ferramentas à pessoa para enfrentar os estímulos estressores", reitera a psicóloga Victória.

Além da terapia, sabemos que também há outras formas de segurar a barra.

Pode parecer receita de bolo, mas o combo exercício físico + boa alimentação ajudam não apenas o corpo, mas também a mente, e eu sou prova disso: enquanto entendia que minha fase na empresa estava no fim e que meu maior desejo era encerrar essa etapa com chave de ouro, eu comecei a correr. Literalmente.

Corria todos os dias. Primeiro três quilômetros, depois cinco, sete e, de vez em quando, até dez. Durante a corrida, você precisa prestar atenção em tantas coisas como sua passada, respiração e velocidade, que é impossível pensar nos problemas. E é nessa hora que seu cérebro tem um momento de descanso.

Depois vem a onda de endorfina, que é o hormônio responsável por promover uma sensação de bem-estar, gerando alívio e relaxamento do corpo. E assim, de passo a passo, junto com as metas pessoais e profissionais, os meses passaram bem mais rápido do que o esperado.

Claro que houve dias ruins e difíceis, mas honestamente eu consegui superar cada um deles de uma forma melhor do que poderia imaginar.

Então fica aqui o pedido: cuide da sua saúde mental da melhor forma que puder, mas comece a fazer isso antes de iniciar o seu Período Sabático. Não adianta nada você estar em um cruzeiro pelas Bahamas com um drinque na mão, mas com a cabeça toda ferrada.

Sabático não combina com hipocrisia

Durante nossas conversas sobre os capítulos deste livro, sempre fazíamos a mesma pergunta: "Para quem estamos escrevendo?" Seria alguém com um cargo executivo? Uma pessoa aposentada ou seria uma recém-formada já se preparando para um futuro longínquo?

E dentre todos os perfis, uma das coisas em comum estava o fato de que temos consciência de que não é todo mundo que sonha em fazer um Período Sabático, mas menos ainda é quem pode.

Sabático requer dinheiro em caixa e não combina com hipocrisia.

E é por isso que anteriormente já adiantamos o quão irresponsável é a conversa de que é simples e fácil, basta "você querer" ou "se esforçar mais". Em um país tão desigual como o Brasil, nós sabemos muito bem que se esforçar não basta, e querer muito menos.

Claro que falaremos sobre planejamento financeiro e profissional ao longo dos capítulos, algo necessário e importante para um Sabático, mas temos obrigação de lembrar que enquanto muitos vivem com o mínimo e tentam apenas sobreviver, é total reflexo dos nossos privilégios estarmos folheando este livro e sonhando juntos com um período exclusivamente focado em nós.

Então, já aqui no comecinho deste livro, fica uma dica para que você tenha em mente algo que foi a peça-chave do nosso sabático: Independente da classe social que você esteja na pirâmide, ter consciência da realidade ao nosso redor é obrigatória e te ajuda a dar ainda mais valor para cada segundo dessa experiência tão única.

Não chute o balde se você tiver que ir buscá-lo novamente.

A Grande Ressignificação

SEM DÚVIDA ALGUMA, todos os fatores emocionais, que citamos antes como sendo os gatilhos mais comuns para alguém pensar em um Período Sabático, foram potencializados durante a pandemia de Covid-19.

Enquanto o temor com o vírus deteriorava nossa saúde mental dia após dia, percebemos que era possível nos manter produtivos sem irmos fisicamente para os escritórios e começou a fazer ainda menos sentido (algum dia fez?) gastar nosso tempo precioso com deslocamento, buzinas e confusão.

Mas a trágica perda de milhões de vidas mundo afora e a instabilidade econômica também fizeram muita gente repensar o próprio conceito de felicidade. A clausura forçada trouxe um tempo adicional que poucos entendiam que tinham ou que poderiam desfrutar. O mesmo isolamento permitiu que reconfigurássemos nossa balança financeira, dando o devido valor e investindo dinheiro naquilo que realmente importava para vivermos com conforto e não para impressionar alguém do lado de fora de nossas casas.

Este foi o estopim de um fenômeno que chamou a atenção de todo o mundo no primeiro semestre de 2021. A demissão voluntária de milhares de profissionais de seus empregos começou nos Estados Unidos e chegou ao Brasil com muita força, atingindo patamares inimagináveis.

Se por lá vimos picos de quatro milhões de colaboradores dando adeus a seus empregadores em um único mês de 2021, no nosso país, chegamos aos estrondosos 600 mil pedidos mensais no começo de 2022, mesmo com uma taxa absurda de desemprego, que, na época, atingia cerca de 13 milhões de brasileiros economicamente ativos.

A chamada *Great Resignation* ou Grande Resignação, termo cunhado pelo professor Anthony Klotz, especialista em psicologia organizacional da universidade do Texas, demonstrou o enorme movimento de demissão voluntária de funcionários de seus empregos, escancarando a defasagem entre a expectativa do mercado de trabalho versus a vontade do trabalhador.

Os modelos tradicionais de trabalho foram jogados na lata do lixo após a pandemia. O tempo "livre" deu às pessoas o que precisavam para reorganizar as ideias e suas próprias prioridades diante de um evento mundial que impactou diretamente suas rotinas, que eram, muitas vezes, chatas, desgastantes e desagregadoras.

Observou-se também que não se tratava apenas de profissionais com cargos e empregos de altos salários. Segundo os dados do Cadastro Geral de Empregados e Desempregados (CAGED), em 2021, tivemos no Brasil um movimento de demissão em massa de profissões bastante heterogêneas e de setores econômicos completamente diferentes. Vimos desde operadores de telemarketing, que lideraram o ranking naquele ano, até o repositor de mercadorias, que foi o 15º cargo mais afetado pelas resignações.

Se tanta gente desistiu de empregos fixos que davam uma sensação (mesmo que falsa) de estabilidade, por que as empresas não agiram antes para reter seus talentos?

Talvez seja porque na maioria delas os pacotes de benefícios não abrangeram ações importantes, como as de conforto mental, por exemplo.

A pandemia veio e, mesmo após a permissão do retorno aos escritórios, muitas empresas mantiveram o *home office* ou jornada híbrida, que é quando se tem dias de trabalho remoto e outros presenciais no escritório. Mas muitas delas nem tentaram minimamente levar em conta como seu colaborador se sentia diante dessa nova forma de trabalho.

O oposto também ocorre com frequência: pessoas que descobriram render mais e que seus trabalhos podem tranquilamente ser feitos de casa, mas as empresas para as quais trabalham insistem em um modelo presencial.

Em ambos os casos, foi preciso uma situação adversa mundial para que se tivesse entendimento e coragem para buscar a mudança almejada.

Um fenômeno único, diversos motivos

Somos seres únicos, com trajetórias de vida e anseios completamente diferentes. Apesar da tentativa de encontrar padrões de comportamento, observando apenas a ótica do sintoma causado pela Grande Renúncia, é difícil apontar uma lista concreta de fatores que contribuíram para esse momento ímpar da nossa história.

Muitos dirão que a busca por um salário melhor, mais qualidade de vida ou um ambiente de trabalho mais saudável formaram o carro-chefe dessa debandada do mundo corporativo, mas a verdade é que chegamos ao estágio da singularidade de escolha.

Nos últimos anos, vimos o crescimento de investimentos e, por consequência, uma evolução incrível da inteligência artificial, talvez a grande responsável pela Revolução Digital que se inicia agora. Porém, um dos fatores que sempre foram debatidos é de que um robô jamais alcançará a singularidade, que isso seria uma característica exclusivamente humana.

A pergunta que fica é: "O que fazemos com nossa singularidade?"

Os padrões de consumo, de trabalho e de sociedade, criados ao longo das revoluções industriais, tiraram de nós aquilo que nos distingue das máquinas: o poder de sermos únicos. Isso porque toda vez que tentamos nos encaixar em padrões sociais, deixamos de lado nossas próprias vontades, visando aprovação externa.

Hoje, analisando esse início do fenômeno da Grande Resignação, seja americana ou brasileira, fica evidente que ele permitiu que recobrássemos nosso livre-arbítrio, algo caro demais para ser deixado de lado.

Portanto, seja para tirar um tempo de reflexão como um Período Sabático, mudar completamente de vida criando galinhas em uma chácara ou ainda viver como nômade digital ao redor do mundo, cada escolha envolve múltiplos fatores individuais e não compartilháveis, que vão desde a estrutura familiar ao entendimento interno do que significa felicidade.

O movimento precisa representar uma Grande Ressignificação

Ainda não temos a dimensão correta dos efeitos deixados pela primeira onda da Grande Resignação. As consequências da debandada do mercado de trabalho ainda serão conhecidas com o tempo e não podemos desconsiderar uma reconfiguração das relações trabalhistas para uma parte destes profissionais, mas também o retorno de vários outros que não vão se acostumar ao novo modelo de vida e sustento próprio.

Independente das escolhas futuras de quem está deixando seu posto de trabalho agora, fico em dúvida se de fato este momento único e particular está sendo usado com sabedoria para uma reflexão profunda sobre sua própria vida, provocando uma ressignificação (dar um novo sentido) seja do modo como daremos nossos próximos passos profissionais ou como criamos nossa rotina diária.

A sua Grande Renúncia precisa, acima de tudo, ser uma Grande Ressignificação.

E assim, talvez, aqueles que retornaram ou ainda retornarão para o mercado, terão feito, mesmo que intuitivamente, um Sabático.

Qual a melhor forma de se tirar um Sabático?

UM DOS PRINCIPAIS MOTIVOS para termos decidido escrever este livro foi porque quase não encontramos literatura sobre isso quando estávamos organizando nosso Período Sabático. Em língua portuguesa, então, menos ainda.

Claro que existem ótimos livros que abordam a temática, mas a maioria é uma biografia, que narra exclusivamente o caminho de cada um. Não nos entenda mal, esses livros são ótimos e, em sua maioria, são emocionantes, mas nós, como consumidores, sentimos muita falta de algum conteúdo que nos ajude no planejamento. Que nos mostrasse como colocar a mão na massa de verdade, sabe?

E se não existe tanto conteúdo assim, também é verdade que não há materiais que alicercem com profundidade e detalhamento científico suficientes sobre como um Período Sabático moderno deve ser praticado. Afinal, é bem difícil categorizar formas de como uma experiência tão pessoal e única poderia ser classificada.

Mesmo que exista a possibilidade de você fazer um Período Sabático acompanhado, seja de amigos, parentes ou parceiros, como foi o nosso caso, consideramos que esta é e sempre será uma jornada individual e intransferível.

Considerando que cada ser humano tem seu próprio conjunto de crenças, valores e visão de mundo, os aprendizados de um Sabático dependerão diretamente da profundidade com que as experiências serão vivenciadas durante esse período.

Portanto, tentar organizar períodos Sabáticos em tipos ou classes, criaria um contrassenso, mas é possível refletirmos sobre o que, de fato, se enquadraria ou não neles.

O que sabemos é que hábitos serão alterados de acordo com a exposição que o indivíduo estará disposto a se sujeitar em sua rotina a partir de um novo formato de vida, completamente diferente do seu usual. Aliás, não apenas o nível de liberdade individual influenciará o quão proveitosa será uma nova vivência, mas principalmente o patamar de autoconhecimento que aquele ser humano tem de si naquele momento.

Trazendo um pouco dos conceitos de Eckhart Tolle em seu livro *O Poder do Agora*, a maioria de nós está em constante conflito interno, remoendo o passado e projetando o futuro. Geralmente não conseguimos domar nossa própria mente para focar aquilo que realmente importa no hoje.

Alguns, mais evoluídos, compreenderam que o conceito de busca pela felicidade é um fardo irrelevante e que torna a jornada da vida algo frustrante, isso porque não existe uma métrica dando certeza de que se projetarmos o futuro, assim ou assado, encontraremos nosso Propósito de Vida.

Já outros continuam infelizes pelo simples fato de não conseguirem focar o momento que se pode mudar alguma rota: o agora.

Hygge e *Lagom*: A felicidade precisa estar nos nossos hábitos diários, afirmam os nórdicos

Como falamos antes, o Período Sabático não é um estilo de vida, mas, sim, um poderoso instrumento para você reavaliar hábitos e reconstruir a sua rotina de maneira mais harmoniosa para o seu retorno. O equilíbrio tão desejado pela maioria das pessoas que sai em Sabático está na busca da reconexão interior e, principalmente, reencontrar o prazer nas pequenas coisas do cotidiano.

E nisso, os países nórdicos são ótimas escolas! Não é à toa que eles figuram no topo da lista da *World Happiness Report* todos os anos. Nesta publicação da ONU, são avaliados os níveis de felicidade em mais de 150 países ao redor do globo, e há anos Dinamarca, Finlândia, Suécia, Islândia e Noruega revezam entre si nas primeiras posições.

E é da Dinamarca que vimos o surgimento da palavra sem tradução: *Hygge*, que podemos associá-la ao bem-estar e ao conforto. Seria o estilo de vida que esconde o segredo da felicidade diária dos dinamarqueses.

Ter hábitos *hyggelig* envolve dedicar momentos diários para fazer aquelas coisas, mesmo que corriqueiras, mas que nos fazem felizes. Ou como diria uma música do Emicida: seria aproveitar *"as pequenas alegrias da vida adulta"*.

Pequenas alegrias como passar tempo em família, se reunir com os amigos ou até mesmo um passeio no parque com seu cachorro.

Isso também pode ser desfrutado no *lille lørdag* ou o *Little Saturday Wednesday*. O "pequeno sábado" demarca o início do fim de semana para os nórdicos e cai, acredite, na quarta-feira.

Um outro país escandinavo que abriga um estilo de vida invejável é a Suécia. Por lá, o lema para ter uma rotina plena e saudável é exercer o *Lagom*. A palavra em si significa "nem demais, nem de menos", mas "a quantidade certa", segundo Lola Akinmade Åkerström, a autora do livro *Lagom — O Segredo Sueco para Viver Bem*, lançado em 2017.

Ela complementa que "se quisermos reduzir *Lagom* à sua verdadeira essência, é procurar o equilíbrio na vida que, quando aplicado a todos os aspectos da nossa existência, pode ajudar-nos a funcionar no nosso estado mais natural e sem esforço".

Existe uma coisa em comum entre as dicas que ela dá de como exercitar diariamente *lagom*: todas elas têm como pano de fundo evitar os excessos. Isso vale desde as conversas de circunstâncias (talvez por isso associamos erroneamente que os suecos são um povo mais fechado e quieto, mas, na verdade, eles apreciam o silêncio como uma virtude), indo à quantidade e qualidade do que comemos e chegando até, evidentemente, o quanto trabalhamos!

Trabalhar demais é completamente o oposto de *lagom* e os suecos tentam evitar com unhas e dentes um ritmo profissional desenfreado. Uma maneira que eles encontraram para não cair nessa armadilha é a prática da Fika. Curtos intervalos durante o dia para descansar a mente e para fazer uma pausa para o café. Prova disso é a Suécia ser um dos maiores consumidores de café do mundo, segundo a Organização Internacional do Café (OIC).

Segundo o professor e fundador do site SwedishFood.com, John Duxbury, *Fika* refresca o cérebro e fortalece as relações, além de favorecer as empresas. Para ele, as companhias que institucionalizam a *Fika* têm melhores equipes e são, inclusive, mais produtivas.

Como todos esses elementos já estão incorporados na cultura desses povos, para o cidadão daquela região, é mais fácil estabelecer este estilo de vida, pois tudo ao seu redor gira em torno das mesmas práticas, logo traz um ambiente propício para isso.

Já para a gente, que está do outro lado do Atlântico, investir em alguns desses hábitos para chegar aos níveis desejados de equilíbrio depende também da consciência que temos sobre essa necessidade. Se nosso entorno julgar a pausa para o cafezinho, fica mais difícil, convenhamos.

Se cada um de nós está em estágios diferentes de consciência do que se busca ao iniciar um Período Sabático, as vivências também trarão resultados diferentes e individuais, mesmo quando fazemos algo conjuntamente de quem nos acompanha nesta jornada.

O Sabático não é extensão das férias!

É QUASE IMPOSSÍVEL DESASSOCIAR a ideia de que tirar um Período Sabático está intimamente ligado a um tempo de descanso. Muitas pessoas projetam realizar nesse momento tudo aquilo que não se pôde fazer, seja pela falta de tempo ou dado o estilo de vida que levavam até então.

Dormir mais horas, trocar 100% da jornada de trabalho por atividades de lazer ou ainda se dedicar sem preocupações ao ócio, são alguns dos exemplos que povoam o imaginário de quem sonha fazer uma pausa na carreira.

Estas opções não são, nem de longe, descartadas, mas precisam considerar junto delas a existência de uma genuína reflexão sobre sua real satisfação com o modelo de vida que leva e se ele continuará o mesmo após esse período.

Então, uma das coisas mais importantes é alinharmos as expectativas enquanto o Sabático ainda está apenas no campo dos sonhos e não virou uma realidade. Ok, você vai tirar um tempo do trabalho, mas, quando voltar — se voltar —, vai ter os mesmos comportamentos que te levaram à exaustão a tal ponto que a única saída foi pausar tudo?

A era industrial imprimiu um ritmo diferente para nossas vidas e a verdade é que fomos doutrinados a cumprir jornadas de trabalho como parte de engrenagens em uma linha de produção.

E nessa sociedade contemporânea, o ócio é considerado um desperdício de tempo. Uma interpretação burguesa do século XVIII que, com o início da industrialização, passou a dar um conceito negativo do ócio, já que não seria interessante para os ricos aceitarem o tempo livre do assalariado.

No mundo acelerado pela necessidade produtiva, a criação de riqueza foi associada diretamente à redução de nossa capacidade cognitiva para realização de trabalhos repetitivos e enfadonhos. Logo, o lema de que "quem é mais rápido produz mais que o lento" fez com que o modelo econômico demonizasse o ócio, vinculando a lentidão na produção (ou em qualquer outro setor) como uma característica a ser expurgada do mercado produtivo.

Já para aqueles que se dedicavam acima da média ou dentro do esperado para que a produção desejada fosse atingida, um singelo "favor" ou "prêmio" seria concedido para que não adoecessem ou fossem abatidos pelo temido *Karoshi*: as férias.

Férias é o plural de féria, um termo derivado do latim *feria* que significa "dia de festa". Ele faz referência ao descanso temporário de uma atividade habitual. Tratando-se de um pequeno hiato no qual as pessoas suspendem temporariamente os seus compromissos.

Esse "direito" foi conquistado oficialmente pelos brasileiros em 1943, considerando os empregados com carteira assinada e que poderiam gozar de um período de descanso após um período mínimo de 12 meses trabalhados efetivamente.

Falando na real, nós sabemos que, na prática, muitos profissionais têm esse direito cerceado pela pressão por resultados, pelo excesso de trabalho sem a divisão correta de atividades e atribuições, ou ainda pela promessa de crescimento na empresa. Isso é alimentado ciclicamente pelas convenções sociais que nos fazem pensar coisas como "quão feio é não ser produtivo" ou ameaças veladas de que, se tirar os 30 dias completos, o colaborador pode perder espaço.

Tenho certeza de que você já ouviu algo como "João saiu de férias e a Maria está fazendo melhor o trabalho do que ele mesmo". E assim, férias para muitos são sinônimos de preocupação e/ou de culpa.

As possibilidades de vender parte das férias e a simulação do exercício delas, que acontecem oficialmente no papel, mas que, na prática, se continua trabalhando, tornam esse ciclo ainda mais perverso, massacrando os trabalhadores que chegam a níveis intoleráveis de estresse.

Cá entre nós, a essa altura do livro já temos intimidade suficiente para sermos bem sinceros: nossa sociedade é *expert* em propagar o sentimento de culpa, não é mesmo?

"Nossa! Hoje vou ter que ficar até mais tarde porque ainda estou com a caixa de entrada cheia de e-mails para responder" ou "Como assim, estou aqui deitado no sofá enquanto podia estar estudando?"

Você consegue ver o padrão entre as duas frases? A culpa por não estar rendendo ou cumprindo metas nos torna incapazes de ter prazer nos momentos de descanso. Mas tudo o que a gente mais ouve é o famoso "Trabalhe enquanto eles dormem" e que essa é a única forma de demonstrar o quanto está comprometido com seus empregadores.

Por isso tanta gente associa o Sabático às férias estendidas. É como se a cura da exaustão física e mental estivesse em poder ter um tempo maior para o ócio "pejorativo", aquele de não fazer nada, visando a plena recuperação da estafa que se encontra.

Portanto, o Sabático não deveria ser considerado uma jornada desestruturada, como um estopim de algo que ocasionou a explosão do barril de pólvoras. Isso se trata da sua vida e, ao largar tudo, você precisará de muito mais do que 30 dias para juntar seus próprios cacos.

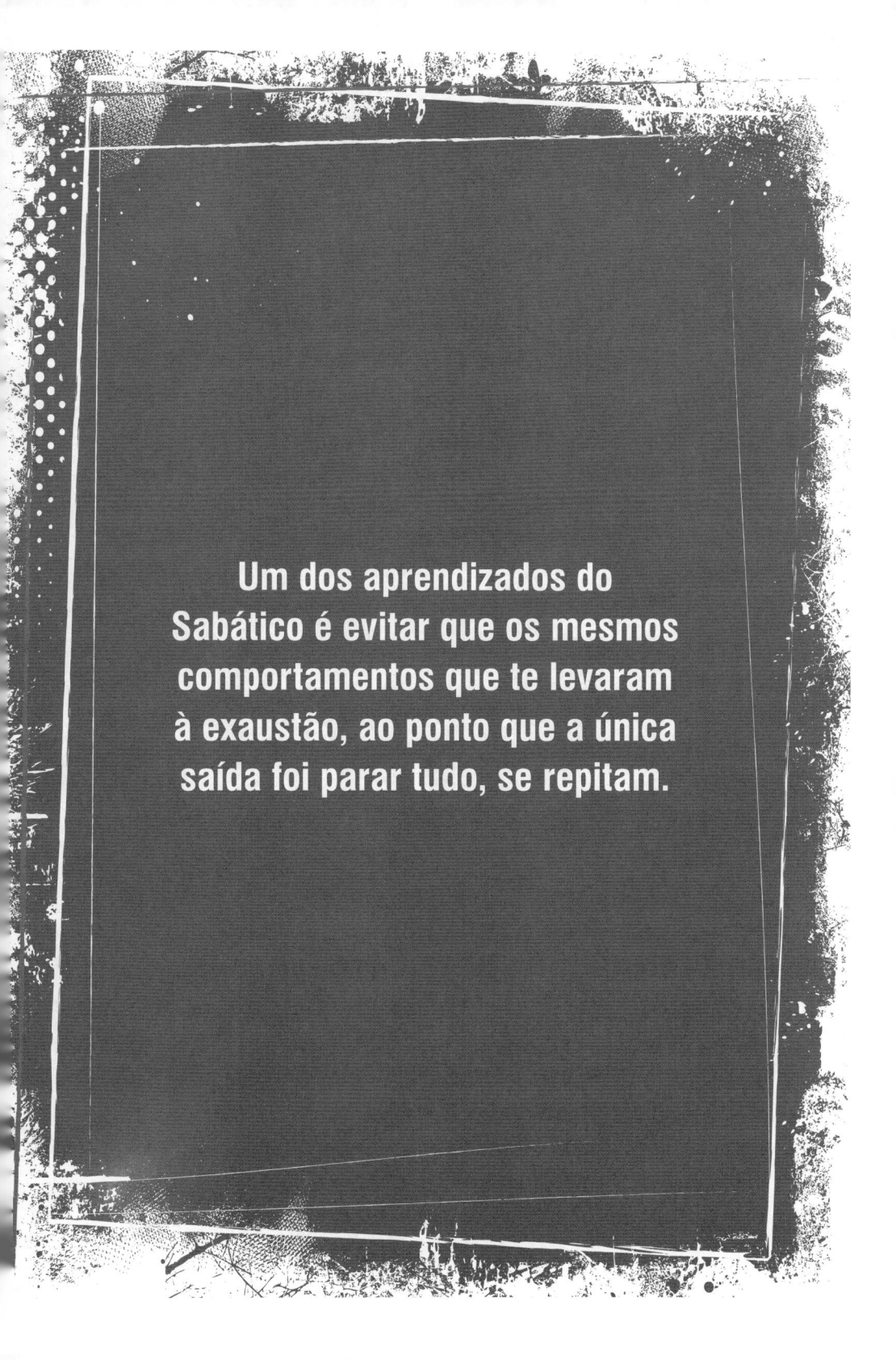

Um dos aprendizados do Sabático é evitar que os mesmos comportamentos que te levaram à exaustão, ao ponto que a única saída foi parar tudo, se repitam.

Florença – Itália

Parte 3

SONHANDO COM OS PÉS NO CHÃO

Período Sabático é uma pausa em suas atividades laborais, mas não uma pausa intelectual

SE CONCORDARMOS QUE o propósito de um Período Sabático vai muito além de vivenciar o ócio "pejorativo", o melhor contraponto sobre o que é, de fato, o ócio, foi trazido pelo sociólogo italiano Domenico De Masi no livro *O Ócio Criativo*.

Em 2002, quando o livro foi lançado, De Masi já previa a onda criativa que estaríamos vivendo nos dias de hoje. Sua tese afirma que o homem não precisaria mais trabalhar sob as convenções tradicionais como a de cinco dias inteiros consecutivos, por 8 ou mais horas ao dia, enclausurado em um escritório para ter tempo para o lazer apenas nos finais de semana.

Para entender o ócio criativo e sua aplicação nos dias de hoje, precisamos voltar ao significado da palavra lá na Grécia Antiga. Poucos indivíduos dentro da sociedade grega tinham o tempo "ocioso" suficiente para serem considerados cidadãos plenos e, portanto, discutir política e participar das decisões democráticas sobre as pólis (ou cidades) gregas.

Se poucos exerciam o direito democrático através do tempo ocioso que tinham, quer dizer que uma outra parcela do povo deveria, de fato, fazer o trabalho "duro". Não por acaso a sociedade grega era escravista.

Segundo Aristóteles, o ócio era um estado de estar livre da necessidade de trabalhar. Sua visão dizia a respeito do ócio como uma atividade do pensar, da criatividade, enquanto o labor era uma atividade que visava a conquista de coisas materiais, ou até mesmo prover o necessário para se alimentar. Ou seja, existia uma concepção de que apenas os indivíduos sem a necessidade de trabalhar poderiam exercer sua cidadania com plenitude, pois teriam tempo para desenvolver suas ideias.

Voltando para o nosso cotidiano, a tecnologia que temos disponível nos dias de hoje, a pandemia e o home office forçado trouxeram um aparato fundamental para que a produção continue acontecendo, porém com menor esforço humano. Isso permitiu que a maioria dos profissionais pudessem usufruir (se desejarem) do ócio criativo, ao invés de se manterem como peças dentro da cadeia produtiva.

Das plataformas de videoconferência, passando pelas engrenagens robotizadas e indo até a inteligência artificial, temos hoje a possibilidade real de voltarmos para aquilo que nos pertence e nos diferencia das máquinas: a criatividade.

> *E aqui cabe um adendo: isso não significa romantizar o caos causado pela Covid-19, onde ficamos enclausurados em casa e, em alguns momentos, perdemos a dimensão do que era um cômodo de descanso ou se a casa inteira era um escritório. Estamos falando do home office em condições normais de vida.*

Em tal momento, mudanças de hábitos, como o maior uso do teletrabalho, surgem como opção para economizarmos tempo com coisas fúteis e para liberarmos tempo para o ócio criativo.

Afinal, quanto tempo perdemos em trânsito, indo e vindo dos nossos escritórios?

Assim, os trabalhadores começam a ter mais tempo para a vida pessoal, retomando a ênfase no relacionamento familiar, com a cultura e a sociedade que os rodeiam para alimentarem a própria criatividade. Então podemos compreender que o tal Ócio Criativo é um trabalho intelectual e que muitas vezes não é entendido como trabalho.

De Masi, em entrevista recente, repactuou o entendimento do termo como a base para o equilíbrio da vida: "O ócio criativo forma a plenitude do indivíduo integral, na qual se pode conciliar três coisas em nossas atividades: o trabalho, com o qual criamos a riqueza; o estudo, com o qual criamos o aprendizado e adquirimos o conhecimento; e o lazer, com o qual criamos a alegria e o bem-estar."

Se essa consciência fosse colocada em prática, as empresas veriam que o novo profissional teria seus resultados mensurados de outra forma, sem a cobrança por horas trabalhadas, mas sim por entregas criativas que poderiam potencializar a produtividade coletiva dos negócios.

É cedo, porém, afirmar se esse modelo vai ter aplicabilidade para boa parte da população ativa, principalmente para aqueles profissionais que estão se vendo obrigados a voltar para os escritórios físicos com o recrudescimento da pandemia de Covid-19.

Será que os patrões e chefes terão essa maturidade sem imaginar que o Ócio Criativo é desfrutar de um tempo "livre" que deveria pertencer tão somente à empresa sem ser visto como falta do que fazer? Difícil!

O que quer fazer com o seu Sabático

Apesar do Ócio Criativo manter o seu intelecto funcionando, seja em favor dos negócios ou para uma autorreflexão, o equilíbrio diário entre trabalho, estudo e lazer é algo que precisará ser ajustado durante o seu hiato.

Se considerarmos que, por um tempo, o pilar trabalho passa a ser menor ou inexistente, criar objetivos pode ser uma saída para não cair na maior armadilha existente em um Sabático: o ostracismo social.

Esse isolamento abrupto do convívio com as pessoas atinge principalmente aqueles profissionais que de um dia para o outro se veem fora da sua rede de relacionamentos cotidianos, como conversar diariamente com clientes, fornecedores e do cafezinho com colegas de trabalho. O risco desta perda de contato pode transformar um período tão sonhado e desejado em um processo enfadonho e chato, devolvendo o profissional com maior rapidez às suas antigas práticas sem cumprir a jornada planejada.

Então, enriquecer seu tempo livre é a chave para ter um Sabático saudável e cheio de experiências ricas e transformadoras.

E falando sobre o que fazer com o tempo livre, a verdade é que o leque de possibilidades para essa pausa é tão grande que seria no mínimo imprudente chegarmos a essa altura do livro e simplesmente ditarmos regra. É impossível dizer como um Sabático pode ou deve ser.

Humanos são plurais e nós (enquanto casal e também seres individuais) acreditamos muito na singularidade de cada um. Pode soar clichê, mas é verdade que só você pode saber o que te fará feliz.

Queremos te munir com a maior quantidade de informação possível, por isso pensamos em uma forma de te mostrar alguns caminhos e, assim, você vai, aos poucos, começar a dar os primeiros passos rumo à sua própria jornada.

Ah! E mesmo tentando dividir algumas ideias contigo, lembre-se de que elas não são excludentes. Pelo contrário! Na maioria das vezes, elas são complementares e, juntas, formarão o seu Sabático digamos que personalizado.

Como não existem pesquisas ou dados suficientes sobre o tema, resolvemos listar para você os objetivos mais comuns entre as pessoas que planejam sair em Sabático. Apresentamos seis propósitos para te inspirar, mas lembre-se: eles devem estar alinhados com seus desejos.

Sem dúvida, o primeiro item é o mais comum quando se pensa em Período Sabático: Viajar! Para ter uma noção, são cerca de 5 milhões de resultados listados no Google quando buscamos pelos termos "sabbatical" e "travel" juntos. É por isso também que boa parte das referências e exemplos que daremos ao longo deste livro têm como pano de fundo as viagens.

Eles serão detalhados com mais profundidade adiante, mas lembre-se de que essas são apenas algumas das infinitas possibilidades que você poderá seguir:

- Viajar e vivenciar novas culturas
- Estudar
- Voluntariado
- Passar mais tempo com a família
- Jornada Espiritual
- Transição de carreira ou estilo de vida

Começando a planejar

REFLETIR É UMA DAS PRIMEIRAS coisas que deve ser feita no início do planejamento de um Período Sabático. Pensar sobre seus próprios fatores de decisão ajuda na organização e também na descoberta das suas reais intenções com essa jornada, já que ela não pode ser uma fuga dos problemas, certo?

Quando iniciamos nosso planejamento lá em 2015, só passamos para os pormenores do planejamento depois de pensarmos muito.

Com o objetivo traçado, a ideia era buscar referências para aprender com os erros e acertos de outras pessoas que passaram pela mesma experiência, mas não encontramos quase nada de material prático. Até encontramos alguns blogs de viagens e canais do YouTube, mas nada muito didático quando se tratava de planejamento. Pelo menos naquela época.

Sem muitas informações, tivemos que criar nosso próprio método de organização, incluindo simulações e cenários de quais seriam os melhores momentos para sairmos da rotina e de fato partirmos.

Eu, Eberson, tinha um *background* de anos trabalhando com Gestão de Projetos e isso acabou ajudando e nos deu alicerce para definir os cuidados que deveríamos ter e quais os riscos precisávamos controlar para que o nosso momento fosse, na maior parte do tempo, de plenitude e não de mais preocupação.

Apesar do zelo que tivemos com toda aquela preparação para não darmos um passo maior que nossas pernas, no fundo, queríamos desfrutar daquelas "reuniões de planejamento" que fazíamos durante o café da manhã dos finais de semana na cozinha de casa, para sonharmos juntos como seria aquela experiência.

Foi ali que compreendemos que o Sabático não começaria apenas quando fechássemos a porta de casa pela última vez. Pelo contrário! Ele começava bem antes disso.

Então, tivemos que dosar com bastante cautela a nossa empolgação para não deixar o exercício de planejamento muito travado, chato e cheio de regras. Ele tinha que nos divertir também!

Com uma boa xícara de café para cada, analisávamos muitos fatores de nossa vida, como nossa saúde e bem-estar, nossos objetivos de carreira e da gestão financeira da família, mas, no centro, sempre estavam as nossas vontades, sem imposição de limites ou ressalvas.

Neste levantamento, estabelecemos cinco perguntas bem simples que precisaríamos responder com atenção e que deveriam permear todo o planejamento, desde antes da saída, durante o Sabático em si, e claro, no nosso retorno:

01 QUAL MEU OBJETIVO?
02 QUANTO TEMPO TENHO?
03 QUAIS MEUS DESTINOS?
04 QUANTO PRECISO PARA VIVER?
05 COMO SERÁ O RETORNO?

Essa visão compartimentada contendo as áreas que deveríamos planejar acabou sendo uma maneira prática para construirmos um mapa mental de todos os detalhes que envolviam minha paralisação total no mercado de trabalho, considerando o trabalho virtual da Iara, que a partir daquele momento seria como nômade digital.

Como já exploramos a primeira questão, envolvendo a escolha do objetivo do Sabático, falaremos sobre os outros 4 tópicos contidos no nosso plano.

Mas, antes de seguirmos em frente, já vou matar uma curiosidade sua, justamente porque ela acaba sendo a primeira pergunta que nos fazem, mesmo antes de falarmos sobre como foi a nossa experiência: "Quanto tempo vocês demoraram entre o início do planejamento até o dia que saíram de verdade?"

Foram mais de 2 anos de preparação. Para ser mais exato, foram 30 meses entre a primeira conversa e a data que fechei meu notebook na empresa pela última vez.

Achou muito? Achou pouco? O fato é que não existe uma lei, regra ou convenção de qual é esse tempo. Por isso, aqui já vai mais um aprendizado: o tempo ideal para planejar um Sabático é aquele que você não sairá tão tarde a ponto da espera destruir sua saúde mental e nem tão rápido que um descuido destrua o seu patrimônio financeiro.

Um exemplo simples é o conforto: o que é obrigatório para o seu bem-estar pode ser bem diferente do que eu preciso. Ou seja, é algo completamente pessoal, em que se deve analisar o contexto de cada um.

Aqui, neste livro, você não encontrará uma sugestão para esse tempo, pois não podemos ser negligentes com a sua história de vida, frustrando expectativas ou te colocando em apuros financeiros.

E, a menos que seja uma pessoa que conheça profundamente a sua realidade, não escute ninguém que possa te dar esse prazo. Caia fora antes que você se machuque feio.

Qual o tempo certo para você?

É IMPOSSÍVEL PENSAR em Período Sabático sem lembrar do tempo que geralmente os profissionais projetam ficar fora: aquele tradicional um ano. Considerando toda a parte histórica que contamos sobre a origem do Shmita séculos atrás, é natural que boa parte dos indivíduos que buscam essa experiência continuem relacionando que o tempo médio e natural seria de 365 dias, mas sabemos que não precisa ser assim, talhado na pedra.

O maior fator que contribui para a decisão de quanto tempo você deve ficar fora do mercado é justamente o objetivo associado ao Sabático. Dependendo das suas intenções, o seu período pode ser maior ou menor que um ano. O meu foi de um ano, o da Iara, 6 meses.

Um exemplo prático é quando associamos o Sabático ao tempo de uma Pós-graduação ou MBA que escolhemos fazer fora ou ainda do tempo necessário para cruzar a pé diversos países da Europa durante o Caminho de Santiago de Compostela.

Evidentemente, traçar um objetivo não é suficiente para determinar com precisão qual seria a lacuna temporal ideal para o seu Sabático, pois existem outros fatores importantes para serem analisados, como o tempo de readaptação no seu retorno, por exemplo.

A velocidade que a vida e, principalmente, o mercado de trabalho muda é tamanha que um ano pode representar a morte de inúmeras profissões e o surgimento de tantas outras. A inflexão da curva da evolução tecnológica está tão acentuada que nos acostumamos a receber transformações diárias, que vão desde a mudança de hábitos de consumo à reconstrução de setores inteiros da economia.

Até áreas mais tradicionais, como o Direito, Contabilidade e afins, que parecem mudar com menos frequência, estão sentindo o impacto da inserção cada vez maior da tecnologia em seus processos, tornando todo o ciclo de aprendizagem das pessoas que atuam nessas profissões, intenso e rotineiro para não ficarem defasadas.

Diante deste cenário, precisamos ter ciência de que, ao sairmos por um ano, hoje, representa deixar um mundo para trás, para retornar em outro completamente diferente.

Por isso o Ano Sabático de antes, agora passa a ser considerado um período mais flexível e condizente com os anseios do profissional que terá o desafio de se reinserir em um ambiente de trabalho alterado pelo tempo que ficou fora do mercado.

É preciso ter em mente que o tempo que você passar fora pode ser o mesmo que levará para se reintegrar e se adaptar por completo no retorno. Você já pensou que também deve se preparar para isso?!

Então tenha consciência de que não tem como desvincularmos do nosso planejamento um tempo adicional para assimilar o novo mundo que encontraremos na volta.

É evidente que existem casos e casos, mas até mesmo um empresário bem-sucedido, que toma a decisão de tirar um tempo, terá que compreender os novos números da sua própria companhia, aceitando que sua distância do dia a dia tirou-lhe detalhes relevantes sobre como as coisas caminharam na sua ausência.

Sendo assim, o tempo completo correspondente ao Sabático deve considerar também as fases de Planejamento e Readaptação, já que também despendemos esforço, dedicação e, na maioria das vezes, de recursos financeiros:

Tempo do Sabático

PLANEJAMENTO — EXECUÇÃO — READAPTAÇÃO

Falando em recursos financeiros, este é um outro fator que sempre permeará seu planejamento, inclusive para definição do tempo que durará sua pausa. Seria ingênuo da nossa parte e da sua acreditar que o tempo do Sabático pode ser determinado sem estudarmos toda a nossa vida financeira, não apenas olhando o passado, mas principalmente projetando o futuro.

No meu caso, planejei ficar fora do mercado de trabalho por dois anos, esse seria o meu ideal de Sabático, sendo que uma parte dele passaria viajando com a Iara (mesmo que ela continuasse trabalhando como freela) e outra parte dedicado ao planejamento do meu retorno ao mundo corporativo, ou seja, minha reserva financeira já tinha sido pensada com uma gordura a ser utilizada nesta preparação.

Tanto é que, faltando alguns meses para o meu prazo acabar, eu já tinha fechado meu primeiro contrato como consultor. Com essa previsão de receita ativa que voltaria a entrar no meu bolso, consegui relaxar um pouco mais e concluir o meu Sabático da forma que sonhava quando saí: revigorado!

Um ponto importante é que, mesmo que existam muitos fatores a serem levados em conta, nenhum planejamento conseguirá (e nem deve) te travar totalmente, pois o que determina realmente este prazo é de que maneira você vai estabelecer sua rotina.

A calibragem de tempo vai acontecer quase que naturalmente, conforme você amadurece ao longo da experiência e principalmente com a sua disciplina em seguir a rotina estabelecida.

E olha, disciplina realmente é a palavra-chave quando se trata de planejamento (antes, durante e depois).

E se conforto é um item importante para determinar o seu planejamento de tempo, precisamos aliá-lo ao local que você passará o Sabático.

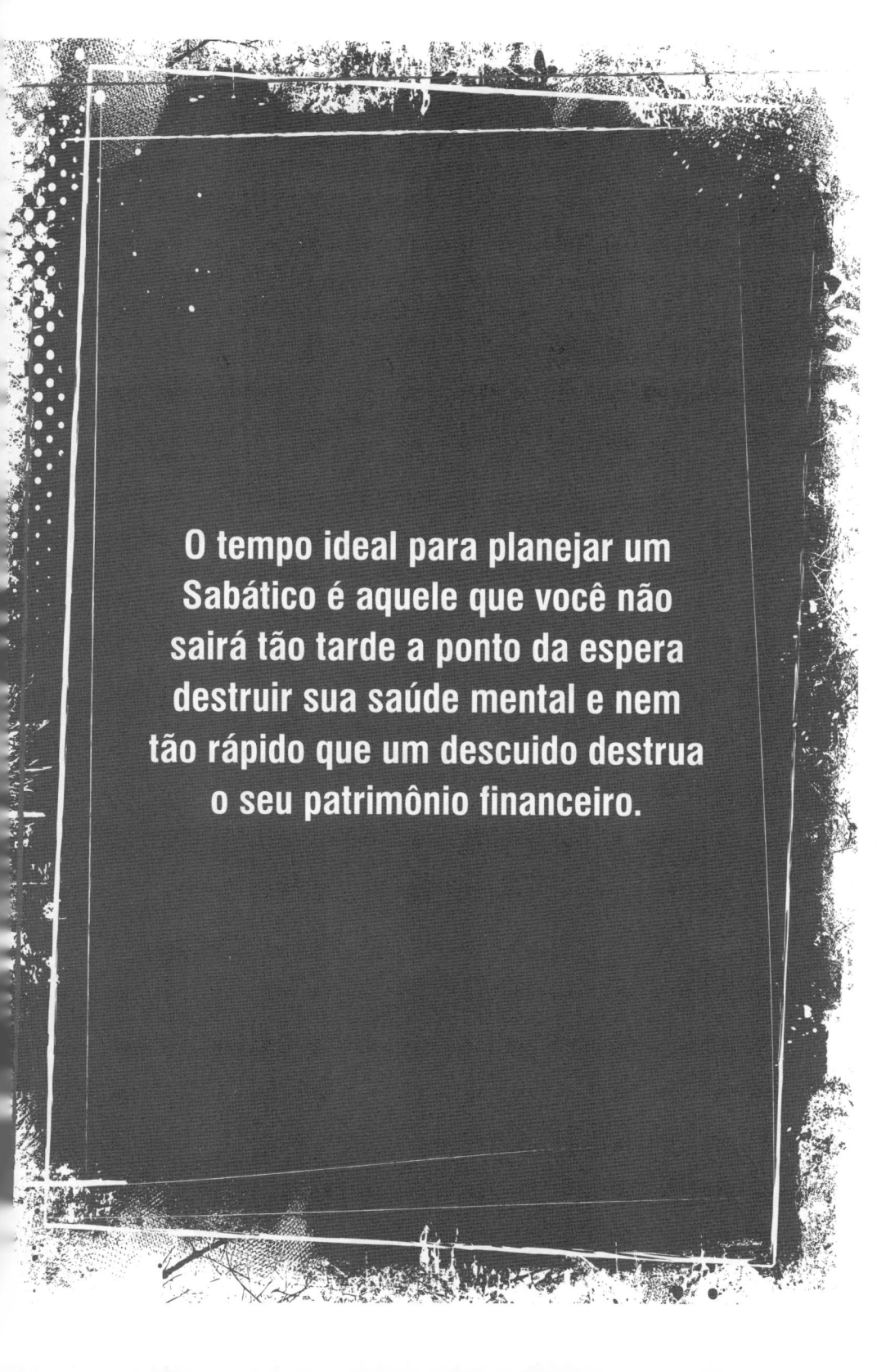

O tempo ideal para planejar um Sabático é aquele que você não sairá tão tarde a ponto da espera destruir sua saúde mental e nem tão rápido que um descuido destrua o seu patrimônio financeiro.

Na rua, na chuva, na fazenda ou numa casinha de sapê

Como um dos focos era viajar, no nosso primeiro dia de planejamento, imprimimos o Mapa-Múndi em uma folha A4 e listamos quais países cada um gostaria de conhecer.

Será que daríamos uma volta ao mundo ou faríamos uma viagem de carro até o Alaska?

Naquele momento, não tínhamos a consciência exata do que queríamos e muito menos do que um Sabático representava. No fundo, o mais importante era ter a sensação de liberdade e controle sobre nossas vidas, algo que parecia impossível no modelo tradicional em que estávamos presos.

Hoje, alguns anos após aquela reunião na nossa cozinha, percebemos o quanto éramos inocentes na escolha de nossos destinos e, inclusive, das expectativas. Mesmo assim, era uma inocência um tanto proposital, uma etapa que gostaríamos de desfrutar como uma jornada divertida na construção do plano.

Sonhar com infinitos lugares que nunca teríamos a possibilidade de ficar por mais tempo do que uns poucos dias das férias era libertador.

Aquele momento lúdico também serviu para nos aproximar mais. Fazia um bom tempo que eu, Eberson, não conseguia focar assuntos fora do trabalho, e ter tratado aquele planejamento com a mesma responsabilidade foi até benéfico nesse sentido, mas, por outro, eu relutava em lidá-lo com a exata rigidez que eu me cobrava quando estava no ambiente corporativo.

Nessa tentativa de equilibrar a seriedade do tema com a permissão de sonhar um pouco mais alto, fomos criando aos poucos consenso sobre o que deveríamos fazer.

Ao invés de estabelecer um objetivo mais claro e coerente, a estruturação dos nossos destinos começou mais como uma lista de desejos. Uma espécie de *Bucket List*, como a do filme de 2007 estrelado por Jack Nicholson e Morgan Freeman. A diferença é que estávamos tentando sepultar nosso estilo de vida antigo para renascermos como indivíduos mais plenos.

Depois de alguns meses amadurecendo o plano, começamos a entender que, independente dos lugares que gostaríamos de estar, aquela jornada também precisava ser interna.

Ao invés de listarmos tudo o que gostaríamos de fazer nesse período, nós invertemos a lógica e começamos com o que **não queríamos**. E essa lista era bem mais pesada do que nossa *bucket list* inicial que continha mais de 50 países e praticamente todos os continentes.

Então, dentre muitas outras coisas, chegamos à conclusão de que não gostaríamos de repetir o erro que já tínhamos cometido em algumas viagens anteriores, que era de conhecer muita coisa em pouco tempo. Se o foco estivesse apenas em riscar lugares de uma extensa lista, a viagem inteira não teria propósito algum.

E assim começamos a pensar na real ressignificação de vida e como seria possível aliar tudo isso a ambientes favoráveis para encontrar o equilíbrio que nos faltava.

Para quem tem essa flexibilidade, pois não possui seu objetivo ligado a uma localização física, enxugar uma lista de desejos é uma tarefa nada fácil. Só de impor essa primeira restrição, diversos destinos começaram a não fazer mais sentido, pois não se encaixavam com aquele momento.

É divertido olhar para essa foto hoje, pois só nos vem à mente o quanto seria insano se a tivéssemos seguido à risca. Isso porque quando começamos a definir tudo pelo que não queríamos, itens como longos translados ou tempo cronometrado encabeçavam a lista. Algo praticamente impossível para quem quer rodar o mundo.

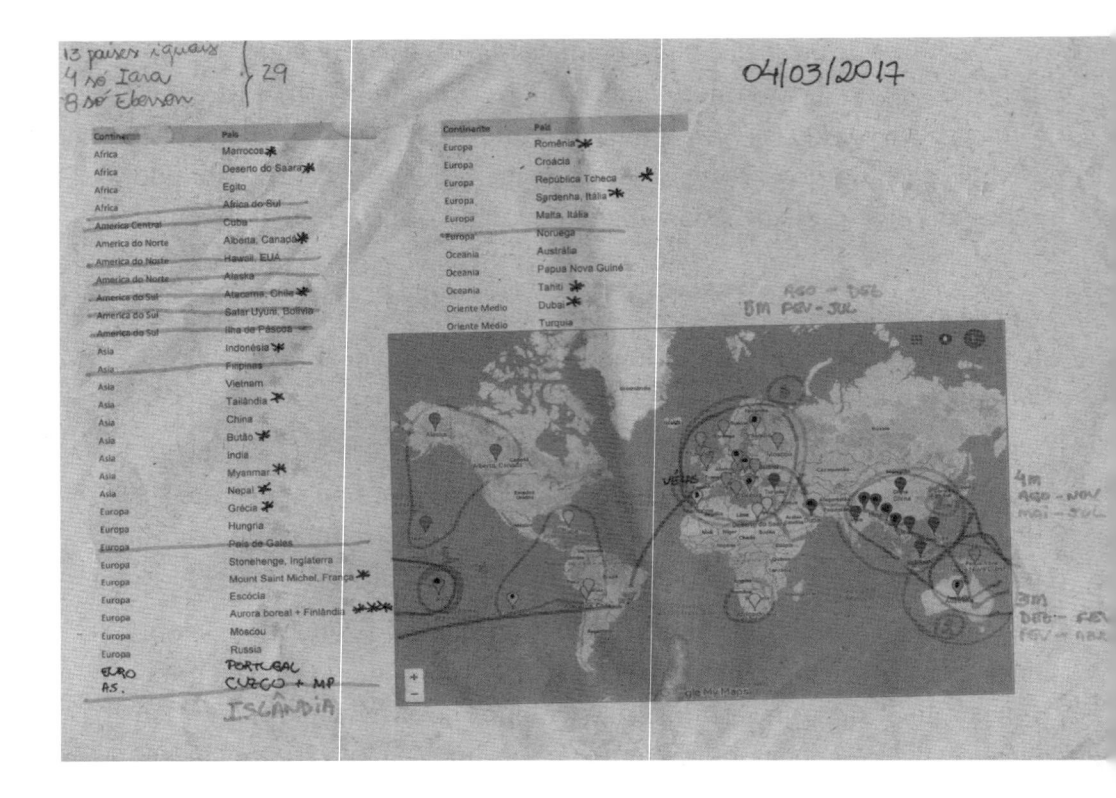

Esta imagem acima retrata bem a fase central do nosso planejamento, quando já tínhamos abandonado a ideia de conhecer superficialmente mais de 50 países e começamos a assimilar o que de fato queríamos.

Queríamos ter tempo para aprender sobre história, melhorar o inglês, conhecer pessoas e não pensar muito em segurança. Tudo isso ao mesmo tempo que queríamos a possibilidade de conhecer vários lugares através do benefício de viagens relativamente curtas. Parecia querer demais, não é mesmo?

E de fato é! É por isso que reduzimos tudo a ponto de fazermos "apenas" o que funcionava com nosso combo de objetivos. Assim, afunilamos nossas conversas e vimos que a vida no Velho Continente nos encantava e lá deveríamos focar nosso período.

Nossa decisão de concentrar a primeira parte no Leste Europeu também levou em consideração a questão financeira, mas principalmente por ser um destino consensual em nossas listas individuais. Ali seria nosso ponto de partida.

> *E aqui cabe mais uma observação: quando falamos em conhecer com profundidade e tempo ideal, isso quer dizer algo completamente pessoal. Afinal, sabemos que cada região tem suas peculiaridades e que é praticamente impossível ter a profundidade de uma pessoa local. Então não se prenda pelo que as pessoas consideram profundo!*

Lembre-se de que esse período precisa ser leve e te fazer feliz.

Qual é o seu luxo?

Só DEPOIS QUE ATERRIZAMOS nossas mentes no real significado da nossa viagem foi que começamos a nos preocupar com os detalhes. E esses detalhes não eram nem de longe meros coadjuvantes. Pelo contrário: talvez fossem dos mais importantes, pois eram os limites que nunca deveríamos ultrapassar.

Como já tínhamos certa bagagem como viajantes, já sabíamos exatamente o que era imprescindível para vivermos bem. Tínhamos a real dimensão do mínimo de que precisávamos em cada campo da vida, como roupas, alimentação e hospedagem.

Nós nunca tivemos hábitos muito caros, pois como ambos viemos de famílias humildes, não fomos criados com muito luxo. Mas isso também não quer dizer que não existam coisas que nos sejam caras e essenciais.

E ficar sem elas, transforma nossas vidas em um verdadeiro inferno.

Entre nossos limites inegociáveis, estavam: um bom banheiro/ducha, ar-condicionado para os dias mais quentes e não compartilhar quartos em hostels e hotéis. E cumprimos isso por onde passamos, inclusive esse tripé rege nossas viagens até hoje.

Todo o resto era passível de conversa, ponderação financeira e negociação.

Realmente não é muita coisa, mas pode parecer frescura para quem adora ficar em hostel com quarto compartilhado. É por isso que você precisa responder a pergunta feita no início desse tópico: **qual é o seu luxo?**

Claro que o exemplo aqui é no caso de um Sabático que contempla uma viagem longa, mas o contexto deve ser aplicado para a sua realidade. Se vai pausar a carreira, quais são seus limites inegociáveis e quais luxos não abre mão?

Nossas escolhas também se basearam neste fator, sempre analisando prós e contras, mas sempre sem abrir mão do tripé listado anteriormente. Lugares com cozinha completa, por exemplo, eram nossa preferência para comer melhor e de quebra ainda economizar em restaurantes.

Tudo isso sem perder de vista o que custamos a entender: este lugar colabora com o meu propósito? Com certeza a sua resposta será diferente da nossa, que será diferente de qualquer outra pessoa que está em um momento como esse.

Com base em tudo que foi exposto acima, podemos afirmar que tão importante quanto planejar os locais que quer conhecer, está o fato de saber quais limites de conforto não podem ser deixados de lado. Então tenha em mente que muitas vezes o valor que se paga pelo desconforto é mais alto.

Se coisas (simples ou luxuosas) que são imprescindíveis para você forem ultrapassadas, provavelmente vão transformar a sua experiência em um flagelo.

O ideal é elencar o que significa o mínimo de conforto para viver o Sabático com plenitude. Para isso, tenha em mente quais são os seus próprios requisitos. Eles jamais serão iguais aos dos outros.

Finanças, conforto e desconforto

CHEGAMOS A UMA DAS etapas mais importantes do planejamento de qualquer Período Sabático: as finanças. Não por acaso pincelamos pontos relevantes sobre o tema em quase todos os capítulos até aqui, já que, ao nosso ver, são coisas que devem ser muito bem estudadas.

Quando chega a hora de pensar nos custos que essa vida temporária vai cobrar, é imprescindível fazer algumas perguntas:

- Qual o montante máximo que eu poderia usar no Sabático?
- Com base na minha realidade, quanto tempo levarei para acumular o montante que julgo necessário?

Essas informações são cruciais e definirão todo o resto, incluindo o tempo que durará a sua pausa. Se já tem verba suficiente, ótimo, mas a maioria provavelmente ainda vai precisar se dedicar a poupar dinheiro por mais um tempo.

Nós fizemos parte dessa segunda leva.

Bom, e essa fase é tão importante porque é justamente no fator financeiro que permeia todas as demais dimensões do planejamento. É o financeiro que vai ditar as regras do jogo, que mostrará a forma como iremos pôr todo nosso objetivo em prática, o tempo que teremos, além de segurar as pontas na readaptação após seu retorno.

Mas, antes de esboçarmos uma projeção de gastos, é de suma importância realizar uma espécie de balanço sobre sua vida financeira até este momento. Já deixamos claro que não podemos negligenciar e suprimir a sua realidade para sonhar com um período especial, pois, depois disso, pode trazer consequências negativas por um longo tempo, incluindo o arrependimento de ter saído do mercado e nunca mais conseguir reequilibrar as finanças.

É preciso ter responsabilidade para evitar que o Período Sabático deixe de ser um sonho para se tornar um pesadelo. Por isso, ter conhecimento e consciência sobre o seu atual custo de vida é fundamental para montar um plano.

Saber se tem verba suficiente ou se vai precisar poupar até chegar no valor ideal faz parte da primeira etapa para construção do planejamento, mas tão importante quanto isso é dizer se essa reserva lhe fará falta no futuro.

Não queremos que você escolha torrar suas economias em uma experiência incrível, mas que depois te deixará infeliz por ter dificuldade para se manter. Tampouco que você pegue todo o dinheiro da sua aposentaria, por exemplo, que serviria para você viver com conforto por um longo período, caso não tenha uma estratégia de recuperá-lo até a hora de precisar usá-lo de verdade.

Outra situação é se você possui dívidas a longo prazo, como parcelas de um financiamento. Você teria condições de honrar com esses compromissos durante o Sabático?

Tudo isso precisa ser pensado e ponderado.

Esses cuidados servirão para criar algumas premissas básicas do seu planejamento, principalmente quando falamos sobre não ultrapassar limites, sejam eles financeiros ou de conforto de vida.

Veja, não estamos aqui criando regras dizendo o que você pode ou não fazer. Nosso papel aqui é te alertar, mostrando um caminho responsável e com menos percalços. Mas também temos noção de que não temos controle sobre sua vida, então se você tem consciência das prováveis dificuldades futuras e ainda assim topa passar por elas, é uma escolha pessoal e intransferível.

Todos os cenários possíveis

Nesta etapa de balanço, é preciso pensar tudo o que pode dar certo ou errado. Seu planejamento deve levar em conta algo que não está em suas mãos: as incertezas do ambiente externo!

Costumamos dizer que não existe planejamento suficientemente perfeito que não possa ser jogado na lata de lixo quando uma incerteza vira realidade.

Aqui, podemos citar uma infinidade de exemplos bons e ruins que podem vir a acontecer e que geralmente não prevemos. São coisas como perder o emprego, receber um convite para um novo cargo, ganhar na loteria ou quem sabe até outra pandemia (por favor, não!).

E foi justamente a pandemia de Covid-19 que impactou diretamente os planos do Sabático do Mauro Segura, ex-diretor de Marketing da IBM, e que nos deu a honra de escrever o prefácio deste livro.

Sua experiência demonstra claramente como os planos representam um norte, mas nem por isso quer dizer que eles, de fato, vão ocorrer.

Em 2020, estava tudo certo para uma viagem especial. Dentro de alguns meses, ele embarcaria em um avião rumo à Europa e se deslocaria até a pequena cidade medieval chamada Saint-Jean-Pied-de-Port, seu ponto de partida para percorrer o famoso Caminho de Santiago de Compostela.

O plano traçado era encarar sozinho a empreitada de caminhar mais de oitocentos quilômetros. Era. Pois algumas semanas antes veio a pandemia e jogou todo e qualquer planejamento diretamente na lata de lixo.

Aquela viagem seria como uma redenção, pois ele vivia um luto recente pela perda da esposa, Regina, para um câncer. Mas a situação o obrigou a ficar confinado em casa com seus pais e um de seus filhos.

O confinamento obrigatório o fez lembrar recorrentemente do filme *O feitiço do tempo* (Groundhog Day), em que o personagem principal fica preso numa armadilha temporal, que o faz reviver o mesmo dia várias vezes, repetidamente. Foi assim que ele se sentiu nas primeiras semanas, até compreender que seu objetivo principal com o Sabático não era a viagem em si, mas a reflexão por trás dela.

Mauro relatou em um artigo em seu blog pessoal que a interrupção do plano de realizar o caminho causou tristeza, mas felizmente ele foi capaz de concluir o que estava buscando verdadeiramente com aquela viagem: "A frustração inicial virou uma inquietude viciante na busca de entender o que realmente estava acontecendo dentro da minha cabeça. Em determinado momento, avaliei que o plano interrompido estava me fazendo muito bem, porque criou a oportunidade para que eu mergulhasse fundo dentro de mim da forma como eu estava fazendo. Este foi o início de um processo intenso de desapego e novas escolhas, que acelerou a minha ressignificação como ser humano."

Claro que é impossível prever situações como um vírus que literalmente isolou milhões de pessoas no mundo todo, e é por isso que a nossa dica é que, dentre tantas hipóteses, deixe de lado as mais remotas, mas redobre a atenção nas mais prováveis. Quando algo bom ou ruim tem certa chance de ocorrer, devemos colocá-lo dentro do nosso plano, criando assim **cenários**.

Para você ter ideia, nosso planejamento contou com seis cenários diferentes e todos eram possíveis de acontecer. Replicamos planilhas com projeções de gastos e de ganhos seis vezes e em cada uma delas, colocamos os possíveis impactos financeiros que poderíamos ter no nosso Sabático e depois dele.

Quando nos sentamos e começamos a pensar no plano, criamos uma lista de perguntas iniciadas por "E se?", para identificar esses possíveis cenários plausíveis de acontecer.

Usando essas perguntas, estruturamos os seis caminhos que controlávamos quase que diariamente. Algumas delas, inclusive, trouxemos aqui no livro já que podem te ajudar na sua própria reflexão:

→ E SE EU PERDER O EMPREGO?

- Qual o valor de FGTS e acerto terei direito? Preciso desse valor para quitar dívidas ou posso usá-lo no Sabático?

→ E SE FIZEREM UMA CONTRAPROPOSTA IRRECUSÁVEL PARA EU CONTINUAR TRABALHANDO?

- Tenho saúde mental para continuar mais tempo? O desafio me interessa? Isso me ajudará no equilíbrio de vida que busco ou trará mais responsabilidade e dor de cabeça?

→ E SE ME PEDIREM MAIS TEMPO ANTES DE EU SAIR DO EMPREGO, PARA FINALIZAR ALGUM PROJETO OU PARA PASSAR COM CALMA TODO O MEU CONHECIMENTO ADIANTE?

- Conseguiria negociar um valor adicional para esse período? Eu ficaria marcado como um profissional imaturo perante a empresa e o mercado se não aceitar? Sinto que cumpri meu dever e a empresa está ganhando tempo?

→ E SE AO INVÉS DE FAZER O SABÁTICO, EU TIRASSE UM OUTRO PROJETO DA GAVETA, COMO EMPREENDER AO PEDIR DEMISSÃO?

- Eu tenho fôlego financeiro e mental para fazer isso? Ele cumpre com o meu objetivo de vida mais que o Sabático neste momento? Estou disposto a sair de um trabalho e entrar em outro sem nenhum tipo de descanso?

→ E SE EU VENDER BENS PARA SAIR MAIS RÁPIDO PARA O SABÁTICO?

- Esses bens me farão falta no retorno? Terei que recomprá-los na volta a que preço? Se for viajar, o quanto economizo em manutenção destes bens durante o Sabático, compensa deixá-los parados?

Não existe planejamento
suficientemente perfeito
que não possa ser jogado
na lata de lixo quando uma
incerteza vira realidade.

Natureza dos Gastos no Sabático

Agora que tratamos sobre a importância de fazer um balanço financeiro, criar cenários e garantir quais são os requisitos mínimos de conforto, chegou o momento de colocar a mão na massa e detalhar todos os tipos de gastos que você terá neste período. Esses gastos já acontecem durante o planejamento e vão até a sua readaptação, após o retorno.

Claro que nem todos esses tipos de gastos você precisará planejar, pois isso dependerá do estilo de Sabático que fará. Então pince o que te servirá e personalize seu planejamento, considerando a lista a seguir como uma grande caixa de lembretes.

GASTOS DURANTE O PLANEJAMENTO

Como dissemos, o Sabático em si não corresponde apenas ao momento que você deixa seus afazeres laborais, mas também o tempo de planejamento e de readaptação após o retorno.

Falando especificamente sobre a primeira etapa, existem gastos que precedem sua saída e que precisam ser considerados na composição de sua reserva financeira, principalmente quando queremos passar um tempo viajando.

Neste caso, diversos valores serão despendidos por você de forma antecipada, como passagens, escolha de hotéis ou casas de temporada, mas também questões burocráticas como tirar ou renovar o passaporte e vistos de permanência em outro país, além da compra de moeda estrangeira. Essas são coisas que poucas pessoas colocam na ponta do lápis, mas que acabam gastando muito dinheiro.

Se as pessoas que não viajarão durante seus Sabáticos precisam planejar bem, os que deixarão suas casas precisam pensar nos mínimos detalhes. São temas que variam desde o simples fato do que farão com sua residência (alugar, vender, deixar fechada?), até onde e com quem ficarão seus animais de estimação. Lembrando que abandono de animais é crime previsto em lei.

Essa parte prática precisa ser muito bem pensada e só você sabe da sua realidade.

GASTOS COM O OBJETIVO ESCOLHIDO

Quando estabelecemos um objetivo para o nosso Sabático, é provável que necessitemos reservar um montante exclusivamente para ele, fora os gastos gerais para nossa sobrevivência. Estudar, por exemplo, pode lhe custar valores consideráveis, principalmente em outro país. Quando saímos em 2018, nosso foco era aprimorar o inglês, então escolhemos uma escola de línguas e nos matriculamos para aulas presenciais em grupo, que, apesar de serem relativamente baratas, comeram parte do nosso orçamento mensal.

Outro objetivo bastante procurado, e que as pessoas imaginam que não terão gastos, é o voluntariado. Sim, existem organizações que aceitam voluntários e que cobrem todos os seus custos, desde acomodação à alimentação, mas também existem outras tão idôneas quanto, que, para aceitarem novos candidatos, eles próprios precisam arcar com seus gastos.

GASTOS COM SAÚDE

Saúde é um item de extrema importância. Sabemos muito como gastos com saúde em momentos de necessidade acabam sendo bem salgados, caso não exista alguma proteção contratada previamente.

Se você tem um vínculo trabalhista via CLT com alguma empresa, é bem provável que um de seus benefícios seja um plano de saúde. Já profissionais autônomos costumam considerar essa despesa por conta própria. Mas, infelizmente, muitas pessoas só se lembram de gastos com saúde quando precisam, seja por considerarem que nunca vão utilizar ou simplesmente por falta de uma previsão financeira para custear um valor mensal.

Acontece que esse ponto acaba sendo crucial durante o seu Sabático. Ficar sem proteção em uma viagem, por exemplo, pode ser a pior opção.

Portanto, você deve refletir e escolher se prefere contratar algum seguro/plano de saúde (independente se vai viajar ou não) ou se irá colocar uma verba a mais no seu planejamento para que possa bancar do próprio bolso qualquer coisa repentina.

GASTOS COM ALIMENTAÇÃO, DESLOCAMENTO E MORADIA

Se sua opção for cair na estrada por um tempo, consideramos que o planejamento de gastos com alimentação, moradia/hospedagem e deslocamento seja essencial. Uma das primeiras coisas a se pensar é que os valores desses itens flutuam ao longo do ano, já que existem variáveis de acordo com as altas e baixas temporadas.

Mas esses gastos também dizem respeito às pessoas que não viajam durante a pausa, pois são itens do dia a dia e ignorá-los pode levar à falência rapidamente.

A escolha do lugar ideal passa por muitos detalhes, por isso indicamos que faça uma espécie de *checklist* para servir de base. Um hotel muitas vezes pode ser mais em conta que uma casa de temporada, mas na segunda opção provavelmente conseguirá fazer coisas do dia a dia sem gastar a mais com isso, como lavar roupa e cozinhar alguns dias da semana.

Mas se você é uma pessoa que não cozinha, por exemplo, ter um fogão à sua disposição não representa nenhum benefício, certo? Por outro lado, se você quer viver a cultura local e frequentar bares, restaurantes e parques, talvez a melhor opção esteja atrelada à localização, porém o posicionamento de um bairro específico pode aumentar consideravelmente os valores.

Outras despesas ao longo do seu dia parecem inofensivas, mas que, fora do controle, podem trazer rombos inimagináveis no seu orçamento. A qualidade da água de onde você está, por exemplo, pode fazer uma grande diferença. Água? Sim, ÁGUA!

Muitas regiões do Brasil e do mundo possuem águas naturais consideradas potáveis, ou seja, que podem ser consumidas. Mas, dependendo de sua escolha, beber água da torneira não é uma boa ideia. Na Irlanda, a chamada *bad water*, apesar de consumida, não é apropriada, podendo trazer malefícios à saúde. Então, imagine ter que adquirir água mineral para beber, dependendo da cidade. Isso significa, claro: mais gastos!

Com tantas variáveis, fica claro o porquê de uma lista com as **suas** necessidades, não é mesmo?

É por isso que sua conta deve sempre levar em consideração os prós e contras, já que um dos segredos para um Sabático sem estresse é estabelecer o que significa o mínimo de conforto para você.

Custo de Vida

Não é nosso interesse aqui trazer um curso aprofundado sobre gestão orçamentária de viagens ou de vida, mas achamos importante repassar os pontos financeiros que mais atrapalham a rotina de quem busca um período de ócio e plenitude.

A experiência que tivemos na montagem do nosso plano financeiro, considerando o custo de vida em cidades que não conhecíamos, não foi necessariamente a ideal, mas só tivemos sucesso porque fomos conservadores nas nossas estimativas.

Não tem como prever o futuro e prova disso foi a variação cambial que enfrentamos. Imagine só que o Euro variou de R$3,50 em meados de 2016 e chegou a ter um pico de R$4,80 em 2018, ano que viajamos.

Isso, por si, já nos trazia uma grande insegurança, mesmo que, lá atrás, tivéssemos cotado tudo como se a moeda estivesse no valor de R$4,00. Ainda assim, ficamos dentro da média projetada, graças à seguinte estratégia:

Para reduzir essa incerteza, começamos a comprar Euro ao longo do planejamento. A pegadinha é que também envolvia um outro tipo de risco: e se o Euro caísse, ao invés de subir? Por isso, criamos uma reserva pequena ao longo dos dois anos de preparação, para chegarmos mais ou menos na média de conversão que prevíamos.

Quando dizemos "mais ou menos", é justamente pela impossibilidade de garantir 100% de certeza dentro da volatilidade do mercado.

O segundo motivo foi buscar informações confiáveis sobre preços variados nas localidades que passaríamos, desde o cafezinho e chips de celular, até o transporte público e a cesta básica.

Para te ajudar, trouxemos aqui alguns sites úteis que podem ajudar a economizar dinheiro. Mas tenha em mente que essas médias vão variar de acordo com o seu padrão de vida, ok?

EXPATISTAN (WWW.EXPATISTAN.COM)

Plataforma colaborativa que mostra o custo de vida em diversas cidades mundo afora. Além do detalhamento sobre preços médios de moradia, alimentação, transporte e outros, ela também compara custos de vida entre duas cidades diferentes, o que pode facilitar bastante na tomada de decisão.

NUMBEO (WWW.NUMBEO.COM)

O Numbeo também é um site colaborativo que traz dados atualizados sobre itens de cesta básica local (até o preço da cerveja) em todos os continentes. Sua base ainda fornece outros detalhes que podem fazer a diferença, como a qualidade de vida, saúde e até índices de poluição.

CNN MONEY (HTTPS://MONEY.CNN.COM/CALCULATOR/PF/COST-OF-LIVING/)

Se sua intenção é passar o seu Sabático nos Estados Unidos, saiba que existem diversas plataformas que trazem informações sobre custo de vida por lá. Destacamos a CNN Money por acreditar que tenha maior precisão, com dados mais confiáveis e por ser atualizada com maior frequência. No site, é possível fazer comparação apenas entre cidades deste país.

Não são meros detalhes

Apesar de todas as inseguranças que relatamos, hoje é possível obter com maior acuracidade uma média de custo de vida diário para diversos destinos, dentro das naturezas de gastos que você imagina ter ao longo do seu Sabático.

E reforçamos aqui que o custo de vida deve ser calculado **por dia** (e atualizado também), justamente para que despesas esporádicas não sejam esquecidas.

Mesmo parecendo ser coisa demais para assimilar, essa visão não deveria ser nada diferente do que você já faz hoje no seu dia a dia, afinal, ter o controle financeiro como um hábito não se faz necessário apenas para quem quer tirar um Sabático, ele deve ser levado para a vida.

Agora que você já calculou o custo de vida diário, existem basicamente dois caminhos para seguir e assim completar cada um dos cenários possíveis de seu planejamento, são eles:

1. Quando você já tem um valor fechado para usar: que **determina o teto máximo** que você quer gastar e ele guia **quanto tempo** você terá para desfrutar do seu Sabático.

ou

2. Quando você calcula **quanto tempo precisa** de acordo com o seu Objetivo: neste caso, o tempo multiplicado pelo custo de vida diário te mostrará **qual o montante financeiro** você precisará ter.

Para deixar ainda mais claro, colocamos a fórmula abaixo para você compreender a conta melhor até aqui:

1. Quando você já tem um valor fechado para usar:

$$\frac{\textit{Reserva Financeira}}{\textit{Custo de Vida Diário}} = \textit{Tempo do Sabático} \text{ (em dias)}$$

2. Quando você determina o valor de acordo com o seu Objetivo:

$$\textit{Custo de Vida Diário} \times \textit{Tempo Desejado} = \textit{Reserva Financeira} \text{ (na moeda que utilizará)}$$

Verba de Contingência

Se Heráclito de Éfeso sempre esteve certo ao dizer que "a única constante é a mudança", nem tudo o que planejamos até aqui sairá como o previsto. Por mais bem preparados que estejamos, algo inesperado pode vir a acontecer e mudar nossos caminhos. É assim na vida e não seria diferente durante o Sabático!

Criar uma reserva financeira sobressalente para imprevistos é primordial para você não ter que interromper de forma intempestiva seus objetivos. Essa é uma estratégia de retaguarda caso algo te surpreenda.

Apesar de desejarmos que nada aconteça, esse é um risco que precisa ser calculado. Ninguém está imune a um resfriado mais forte que exigirá a compra de medicamentos adicionais, tampouco ter pertences e documentos furtados.

Nossa experiência pessoal com Sabático foi viajando, e é exatamente nos lugares turísticos onde mais ocorrem furtos, desses que a gente só percebe mesmo quando se dá conta de que o celular ou a carteira já não está mais no bolso.

Tão importante quanto se preparar para as adversidades é diversificar os acessos ao seu dinheiro. Por isso, nunca ande com toda sua grana, tenha mais de um cartão de crédito e mantenha acesso às suas contas bancárias com dupla verificação por várias opções e não apenas SMS.

Essas são algumas dicas que podem ajudar e devem ser pensadas. Imagine ter o seu celular roubado, sendo que ele é o único meio de acessar o banco? E perder a carteira com todos os cartões de crédito dentro dela? E o passaporte, hein? Já pensou no trabalho que é solicitar um em outro país?

Além de uma baita dor de cabeça por conta da burocracia, todos esses ocorridos fazem com que você gaste tempo e trarão algum tipo de prejuízo financeiro.

Não é para ser pessimista e achar que tudo de ruim vai acontecer justamente na sua vez de curtir, mas vale construir um caminho racional para uma verba de contingência que cubra pelo menos alguns imprevistos.

Você pode, por exemplo, desconsiderar um volume muito grande de dinheiro para fins de saúde, caso opte por um seguro ou plano com uma boa cobertura. Sem essa preocupação que seria a mais cara, sua contingência deverá cobrir coisas mais triviais, como uma mala extraviada cheia de roupas, diferenças de câmbio não previstas e as eventuais perdas que relatamos.

O mais importante de tudo isso é a sua compreensão de que verba de contingência não é a mesma coisa que a reserva financeira para desfrutar do Sabático. Eles são "dinheiros" diferentes e por isso a conta deve considerá-la sempre como um valor **adicional**, como mostramos no complemento da fórmula anterior abaixo:

---

1. Quando você já tem um valor fechado para usar:

$$\frac{Reserva\ Financeira\ Total - Contingência}{Custo\ de\ Vida\ Diário} = \textbf{\textit{Tempo do Sabático}}\ (em\ dias)$$

---

2. Quando você determina o valor de acordo com o seu Objetivo:

$$\frac{Custo\ de\ Vida\ Diário}{Tempo\ Desejado} \times\ +\ Contingência = \textbf{\textit{Reserva Financeira Total}}\ (na\ moeda\ que\ utilizará)$$

Quando voltar

NEM SEMPRE SAIR em um Sabático representa pedir as contas e perder o vínculo com seu empregador. Apesar de ainda ser incomum, existem alguns felizardos que trabalham em locais que não só respeitam esse hiato na carreira como até incentivam, criando benefícios como licenças não remuneradas que permitem ao profissional retornar para a empresa depois.

Também existem os que conseguiram juntar patrimônio e investimentos que trazem renda suficiente para se sustentarem, independente do retorno ou não de suas atividades laborais.

Mas quando essa previsibilidade de ter novamente um salário no final do mês ou obter rendimentos passivos não existe, pode ser que o período de readaptação leve mais tempo. E por se tratar de algo essencial, queremos evitar que você retorne em uma situação de fragilidade financeira.

Nossa sugestão é que o planejamento para seu retorno e readaptação siga o ensinamento da tradição judaica que contamos para você lá no início do livro: o cultivo da terra era retomado após os 12 meses de pausa. Sabendo que o ganho financeiro da nova lavoura só viria após todo o ciclo de plantio e colheita, eles também se preparavam financeiramente para passarem esse período do amadurecimento da safra até a venda.

Claro que é impossível prever em quanto tempo você irá se realocar, mas fazer uma estimativa e contabilizar isso é obrigatório.

Outro fator determinante para o seu retorno ser mais tranquilo é o quão ativo ou inativo você ficou de sua rede de contatos profissionais. Pensando nisso, mais para a frente, há um capítulo inteiro no livro sobre a importância de um *Networking* honesto e orgânico que te ajudará a não desaparecer de cena por completo.

Não adianta torrar suas economias
em uma experiência incrível
e depois se tornar infeliz pela
dificuldade em se manter
financeiramente.

Deserto do Saara – Marrocos

Parte 4

#PARTIUSABÁTICO

Iniciando o seu Sabático: A importância de reaprender a viver

O DIA 1º DE MARÇO DE 2018 foi um dos mais estranhos da minha vida. Eu, Eberson, sentia uma paz muito grande. O sentimento de dever cumprido após 12 anos de trabalho na mesma empresa só não era maior do que a peculiar sensação de não saber o que fazer no dia seguinte.

A liberdade conquistada depois de tanto tempo de planejamento trazia alívio, mas também um medo inexplicável do que estaria por vir. Fazia tempo que aquele quase esquecido frio na barriga não me impactava tanto. Não era por menos, me acostumei com uma rotina cheia de compromissos, sem tempo para respirar e agora teria 24 horas por dia para fazer o que quisesse.

Faltavam algumas semanas para pegarmos a estrada e ocuparmos a mente com o que planejamos, mas não ter preenchido aquelas poucas semanas com qualquer coisa foi assustador.

A Iara me cobrava um tempo de descompressão. Ela acreditava que seria bom que eu relaxasse ao ponto de ficar sem pensar em nada, justamente para tentar limpar a mente, desintoxicando meu corpo do estresse recorrente que vivi até aquele dia, mas não foi tão simples assim.

Acredite, você pode estar completamente livre, mas os teus maus hábitos continuarão te mantendo em cativeiro.

Mesmo introduzindo na minha rotina a corrida diária para aliviar a tensão ao longo dos meses de preparação para o nosso Sabático, foram anos e anos cultivando outros tantos hábitos que alimentavam a minha ansiedade, que não seria fácil deletá-los da minha cabeça como fiz com a conta de e-mail da empresa.

Falando em e-mail, você se lembra do meu gatilho insano de ficar rolando a tela do celular para baixo esperando um e-mail urgente madrugada adentro? Pois é, eu já não tinha mais o e-mail corporativo, mas transferi o hábito para o e-mail pessoal e para as redes sociais.

Aliás, não foi apenas esse hábito ruim que tive dificuldades de me desvencilhar: a falta de paciência com pequenas coisas, a raiva das barbeiragens alheias no trânsito e o medo de errar e ficar exposto às críticas foram outros gatilhos complicados de superar (até hoje, anos depois, ainda tenho recaídas).

Assim, acabei subestimando esses hábitos, acreditando que o tempo livre e os novos ares no Sabático fariam as coisas entrarem naturalmente nos eixos.

Ledo engano.

Eu precisava mesmo reaprender a viver.

Conversando com seus próprios demônios

Como eu era sempre muito acionado na empresa, a sensação de vazio tomou conta de mim rapidamente. Se, no começo, tudo parecia novidade e eu imaginava que faria todas as coisas que não pude por falta de tempo, agora as mesmas 24 horas pareciam ser infinitas.

O vazio do qual não havia me preparado passou a ser ocupado pela mesma ansiedade, só que voltada para outras pautas. Eu havia transferido o meu *modus operandi* de lugar.

Antes, para ocupar a mente, eu preenchia meu tempo com os inúmeros projetos e problemas operacionais que eu lidava, depois nem isso eu tinha mais. Quando nos falta controle sobre as coisas, viramos vítimas e passamos a nos deixar ser controlados por elas.

Foi assim que tropecei de um problema para outro sem perceber.

A FoMO, acrônimo em inglês introduzido em 2004 por Patrick J. McGinnis e popularizado em um editorial na revista da Harvard Business School, que significa Fear Of Missing Out, ou simplesmente medo de perder alguma informação, foi ganhando cada vez mais espaço no meu tempo livre. A atualização quase segundo a segundo no celular que já existia passou a ser para qualquer outro foco que me tirasse do ócio.

Segundo o psiquiatra Carlos Renato Periotto, a FoMO é um fenômeno psicológico relativamente novo. Pode existir como um sentimento ocasional que ocorre no meio da conversa, como uma disposição de longo prazo, ou um estado de espírito que leva o indivíduo a ter um sentimento mais profundo de inferioridade social, solidão ou raiva intensa.

Mais do que nunca, as pessoas estão expostas a muitos detalhes sobre o que os outros estão fazendo e elas são confrontadas diariamente com a incerteza contínua sobre se estão fazendo o suficiente ou se estão onde deveriam estar em termos de suas próprias vidas.

Claramente, esse era o sentimento que vivi ao me ver completamente livre: o medo de não estar sendo e fazendo o suficiente do que poderia. Mas, naquele momento, eu ainda negligenciava a necessidade de buscar ajuda porque tinha o subterfúgio de esperar o tão aguardado dia que entraria naquele avião.

Selecionando bons hábitos para manter e outros novos para criar

Não era novidade para mim a maioria dos conceitos contidos no aclamado best-seller mundial *O Poder do Hábito*, do jornalista Charles Duhigg.

No livro, o autor mostra como um hábito é criado em nossos cérebros e como ele é incorporado ao nosso dia se tornando automático.

Basicamente, ele transcreve em três etapas como um hábito vai sendo constituído até se tornar parte integrante da nossa vida. O primeiro é o gatilho, um acontecimento que aciona nossa mente para entrar em modo automático; uma ação emocional ou física chamada de Rotina, ou seja, algo tão intuitivo que nem precisamos pensar para executar e por fim; a Recompensa que é o reconhecimento positivo de que aquele hábito funciona e assim deve ser armazenado para momentos futuros.

No meu caso, o hábito de rolar e atualizar a tela do celular me dava a falsa sensação de ocupar a mente, de ser produtivo ou algo do tipo. Eu ainda reproduzia aquele hábito, buscando a mesma recompensa de antes, por isso, foi algo tão difícil de cessar. Eu estava no que chamei de "período do emprego fantasma".

Na tentativa de entender o que acontecia comigo, criei essa analogia vendo outro conceito bastante difundido e que até hoje é falado por aí: os famosos 21 dias para mudar um hábito. Muita gente associa a origem dessa teoria, com as observações feitas por um cirurgião plástico chamado Maxwell Maltz na década de 1950.

O médico concluiu que seus pacientes levavam em média 21 dias para demonstrarem uma mudança comportamental quanto ao procedimento cirúrgico realizado, como reconstruções faciais e amputações, tornando-os mais otimistas quanto à evolução dos seus quadros.

Segundo a teoria, antes deste período, os pacientes amputados, por exemplo, se comportavam como se tivessem um membro fantasma e esse tempo era necessário para o cérebro "se acostumar" com a nova situação e incorporá-la como uma condição estabelecida. Se isso tem uma correlação científica com a mudança de hábitos? Não.

Mas, guardadas as devidas proporções, o sentimento era de que o meu emprego estava tão encravado em mim que, ao ficar sem ele, parecia que havia perdido um membro. E se eu continuava repetindo certos padrões de comportamento, era porque obviamente não havia conseguido mudar isso em 21 dias sem trabalhar.

Como sou mais cético, estou mais para a pegada de *Duhigg*, que não cita um período exato para a mudança como se todos nós fôssemos iguais e que 21, 28 ou 66 dias seriam suficientes para criar ou alterar um hábito. A verdade é que a repetição e o treinamento do cérebro, acaba sendo algo individual, muito mais atrelada à força de vontade de cada um de nós para não cairmos em tentação.

Diante desse panorama, chegamos à Praga, na República Tcheca, em abril de 2018 e, mesmo assim, foi bastante complicado introduzir novos gatilhos e rotinas.

Sem dúvida, o meu autoconhecimento, tanto para identificar o que precisava ser mudado quanto para aceitar que o desafio seria enorme, me ajudou a lutar diariamente para que essas mudanças fossem aos poucos tomando conta do meu dia.

O fato de a Iara estar comigo agora por 24 horas também foi importante para alertar se eu estava voltando de forma inconsciente a ter um hábito ruim, mas, apesar de todo apoio, eu ainda estava em uma jornada solitária.

Aplicando o Essencialismo como estilo de vida

Não é fácil virar a chave. Menos ainda fazer tudo o que deseja, saber tudo o que busca aprender e ainda conquistar tudo aquilo que almeja.

Apesar da abundância de informações e oportunidades ao nosso redor, nunca seremos capazes de alcançar tamanha eficiência para consumir e absorver tudo. O seu dia nunca terá mais do que 1.440 minutos.

E para suprir a falta de controle, a sociedade em que vivemos nos ensina a projetarmos nossa felicidade no acúmulo. Sempre queremos mais. Seja na carreira, no corpo ou no intelecto. Essa corrida insaciável

Você pode estar completamente livre, mas os teus maus hábitos continuarão te mantendo em cativeiro.

ainda costuma ser abastecida de maneira perversa com uma visão externa bastante distorcida da realidade.

Não preciso citar nenhum nome, mas você, com certeza, consegue facilmente pensar em uma lista de influenciadores ou famosos que ganham a vida ostentando um *lifestyle* de luxo e riqueza.

E o que a maioria de nós faz ao vê-los? Compara-se.

E, ao se comparar, as pessoas gastam tempo e dinheiro comprando coisas que não precisam para impressionar pessoas que, na verdade, não importam. A diferença é brutal quando se vive em prol do que realmente é essencial para você.

Há um oceano de distância no quesito contentamento e felicidade quando você compra algo porque realmente quer e precisa e não porque **"tem que"**. Quando você sente obrigação de ter — sejam coisas ou hábitos — seja porque a sociedade impõe, ou porque precisa manter certo status, ou porque todo mundo tem, tudo isso é para criar uma imagem para os outros e não necessariamente essas coisas importam para você. E se não importam, por que ainda assim você o faz?

Assim como a palavra sueca *Lagom*, que preza por uma rotina nem demais e nem de menos, no livro *Essencialismo: a disciplinada busca por menos*, o autor Greg Mckeown explica que a mentalidade básica do essencialista é compreender a desimportância de quase tudo, para finalmente escolhermos as coisas certas a fazer.

De forma bastante clara e objetiva, ele demonstra que quando diluímos nossa energia em fazer muitas coisas, acabamos exaustos e sem a sensação de saciedade e plenitude que buscávamos. Quando não criamos nossa própria prioridade, canalizando nossos esforços naquilo que é essencial, estamos trabalhando na prioridade dos outros, ajudando os outros a conquistarem aquilo que almejam e consequentemente fazendo muito pouco para nós mesmos.

Exemplos não faltam. Você que está lendo este livro agora: quantas vezes fez ou comprou algo baseado na expectativa ou opinião dos outros sobre você? Já postou por "obrigação" de se mostrar feliz nas redes sociais, quando, na verdade, estava em um dia péssimo? Quantas vezes fez ou deixou de fazer algo com o raciocínio "o que será que as pessoas vão pensar de mim"?

E antes que se pergunte: sim, Período Sabático também é sobre isso. Aliás, achamos que essa pausa é o momento ideal para rever prioridades e aprender a fazer escolhas que realmente importam para você.

Pare para refletir o que te agrega valor. Ninguém aqui está dizendo para não ter o carro X ou a bolsa Y, estamos apenas estimulando que você **tenha e faça o que realmente quer e não o que querem que você queira**! Sacou a diferença?

Então fica a dica: não menospreze vícios e hábitos ruins, como se eles fossem desaparecer como um passe de mágica só por você estar em Sabático. Isso não vai acontecer sem autoconhecimento e disciplina.

Explorando o objetivo do seu Sabático

SEM DÚVIDA, SÃO INFINITAS as possibilidades e formas de aproveitar seu tempo durante o Sabático. Claro que é uma escolha completamente pessoal, mas decidimos falar com um pouco mais de profundidade sobre os temas mais comuns, justamente para que você tenha embasamento do que se pode dedicar durante uma pausa laboral. Tendo exemplo em mãos, fica muito melhor (e mais fácil) fazer suas próprias escolhas.

Não pense que você só pode escolher um desses objetivos abordados. Na verdade, é até recomendável que opte por mais, pois vários deles não são apenas semelhantes, são também complementares.

Se os temas escolhidos por você tiverem pouco ou nenhuma similaridade, a nossa dica é que não os descarte totalmente. Comece a refletir se existem formas de uni-los ou, quem sabe, dividir o tempo entre eles?

Viu como a combinação precisa ser 100% feita de acordo com suas vontades?

Então vamos lá!

- **ESTUDAR** — Adquirindo novos conhecimentos
- **VIAJAR** — Vivenciando novas culturas
- **VOLUNTARIAR** — Ajudando uma boa causa
- **FAMÍLIA** — Passar mais tempo com quem importa
- **ESPIRITUAL** — Seguir uma jornada interior
- **TRANSITAR** — De carreira ou Estilo de Vida

→ VIAJAR

Vamos começar por um dos objetivos que talvez seja o mais comum entre todos: viajar!

Seja para apenas bater perna, turistar ou realmente se aprofundar em alguma cultura, viajar atrai boa parte das pessoas que entram em um Período Sabático e, obviamente, também foi nossa principal escolha.

Em 2015, quando começamos a estruturar nossa vida e realmente planejar tudo, já tínhamos uma experiência considerável como viajantes, mas basicamente apenas como turistas. Então uma das poucas certezas de que tínhamos, era que dessa vez queríamos algo mais profundo e com o tempo que julgássemos necessário para conhecer cada novo destino.

Inclusive essa é uma boa ressalva a se fazer quando entramos de férias: nossa ânsia por viajar geralmente é tão grande, que cometemos o equívoco de tentar conhecer o máximo de coisas possíveis no pouco tempo que temos. Essa estratégia é tão ruim que acabamos arrastando a nossa pressa e senso de "produtividade" para dentro de uma experiência que deveria ser prazerosa e espontânea.

Quem nunca cronometrou o tempo de um passeio e, em seguida, saiu correndo para riscar o próximo item da lista? Já fizemos muito, e conhecemos bem a sensação de que voltamos mais cansados do que saímos, além do fato de que só "vimos" a viagem pela tela do celular ou da câmera.

Esse sentimento de cansaço e de que nossos olhos olharam, mas não enxergaram nada de fato, sempre foi o que mais nos incomodou. Não somos perfeitos, mas é por isso que nosso jeito de viajar vem mudando consideravelmente. Ainda bem que o *start* foi a tempo de termos uma outra visão durante a nossa pausa.

Até porque vivenciar uma cultura é desacelerar ao ponto de nos encaixarmos no tempo de cada lugar. Você já reparou como em alguns locais o tempo parece passar em uma velocidade diferente? Em alguns, a vida é frenética e todo mundo parece estar atrasado para alguma coisa, já em outros, o ritmo é mais lento e as pessoas não têm pressa para absolutamente nada.

Há quem seja diferente, claro, mas a verdade é que a contemplação é algo que não costumamos fazer com frequência quando estamos "apenas" de férias, mas que é plenamente possível durante um Período Sabático. Aliás, é **desejável que contemple**!

A ideia não é excluir, mas, sim, dividir o tempo entre pontos turísticos e a experiência de estar onde as pessoas que vivem ali frequentam de verdade. Ou você acha que uma francesa vai todo dia ao Louvre?

É transformador estar em ambientes sem o filtro turístico que os pontos mais famosos geralmente exalam.

Seja humilde em aceitar que você é um corpo estranho dentro de uma cultura que não é a sua

Ainda falando de viagem, achamos importante trazer a humildade como assunto. Mesmo tendo construído um plano de rotas que contemplava ter mais tempo para cada lugar, percebemos que vivenciar a cultura era um outro estágio de experiência. Era literalmente **outro rolê**, sabe?

Dizemos isso porque de forma geral, turista é um bicho bem difícil de entender. Ao mesmo tempo que alimentam a economia, alguns costumam carregar a arrogância de quererem ser tratados como deuses.

Basta estalar os dedos para encontrar exemplos — ruins — de viajantes que desrespeitam pessoas, regras e leis.

Esse desserviço acaba prejudicando a todos, mas sobretudo aos que estão em busca de uma experiência mais profunda e respeitosa. Por isso, esse tópico aqui é para falar sobre a importância de entender o contexto econômico, social e cultural de cada local onde pisamos. Seja de férias ou durante seu Sabático.

Se passar uma temporada no subúrbio, fora do burburinho das zonas turísticas, você compreenderá melhor como as pessoas vivem "de verdade". Entender que **você** é a pessoa nova por ali é uma perspectiva que te ajudará a enxergar tudo com mais clareza.

Já ouvimos muito sobre o fato de "em tal país as pessoas são frias", mas cá entre nós, chega a ser injusto esperar que te chamem para um jantar em casa no segundo bom dia que der no elevador.

Além de ser óbvio o fato de que quase ninguém vira "amigo de infância" de um desconhecido de um dia para o outro. Claro que pode acontecer, mas a maioria das culturas é baseada na confiança.

É essencial compreender que esses novos relacionamentos serão construídos do zero e, principalmente, sob a ótica da cultura de onde estiver. E essa regra vale mesmo que não saia do nosso país, que é tão grande a ponto de caber vários Brasis dentro de um só.

Ao invés de criar expectativas, crie o hábito de frequentar lugares mais de uma vez, para que as pessoas reconheçam que você está sempre por ali, seja uma padaria, um café ou a vendinha de frutas. Do "bom dia", estenda a conversa e, mais do que falar sobre você, aprenda a escutar.

Tenha em mente que conversas corriqueiras e ordinárias podem conter histórias extraordinárias.

A verdade é que talvez você até conheça muita gente, mas, no final, não faça nenhuma amizade profunda. Independente da duração do seu Sabático, pode ser que você tenha uma ótima convivência com vizinhos de porta, parceiros para um café ou até para uma cervejinha, mas nem sempre haverá algo mais íntimo ou familiar.

O mais importante é que você esteja de coração e ouvidos abertos e aprenda com cada pessoa que cruze seu caminho.

Mesmo que nunca mais volte a vê-la algum dia.

ESTUDOS

No capítulo onde falamos sobre Ócio Criativo, citamos que o estudo é um dos pilares para o equilíbrio, portanto, é necessário para a plenitude humana. E é exatamente por isso que **estudar** ganha ainda mais espaço em um Período Sabático.

Se defendemos que propósitos são complementares, eis aqui um bom exemplo: viajar e absorver o máximo de cultura era nosso principal objetivo, mas também queríamos algumas aulas de inglês para destravar o idioma. Então nossa primeira parada foi em Praga, na República Tcheca, onde nos matriculamos por 30 dias em uma escola de inglês. Sim, essas escolas de idiomas bem comuns e que existem em qualquer cidade.

É claro que tínhamos a consciência de que não sairíamos dali fluentes. Então tudo que pudemos absorver nesse período foi excelente e cumpriu o objetivo: destravar.

A dobradinha **viagem + estudo** foi perfeita e podemos dizer por experiência própria que entendemos na prática o porquê de muitos profissionais (para não dizer a maioria) focarem seus hiatos laborais em ascensão intelectual de qualquer natureza.

Educação para quem?

Estudar um novo idioma é, sim, importante e realizador, mas grande parte das pessoas que utilizam o Sabático para estudar tem como objetivo cursos ou oportunidades que não existam no país de origem.

Os cursos são os mais diversos. Mas independente de ser Finanças em Harvard ou Belas Artes em Florença, muitos saem de casa com a intenção de acessar uma rede de conhecimento que não está disponível em suas cidades ou estados.

Se tratando de oportunidades, aí é que a conversa fica longa. Isso porque o investimento em pesquisa — que nunca foi dos melhores — é um dos menores dos últimos anos no Brasil.

Um levantamento do Observatório do Conhecimento, rede formada por associações e sindicatos de professores de universidades, mostra que a área de pesquisa perdeu cerca de 60% do orçamento. Entre 2014 e 2021, o corte de verba chega a R$83 bilhões. Sim. BILHÕES.

Essa triste realidade é confirmada pelo Relatório de Ciência da Unesco, braço das Organizações das Nações Unidas, que aponta que essa redução de investimentos em ciência deixa o Brasil abaixo da média global.

Em 2021, apenas 1,26% do PIB brasileiro foi destinado para a ciência, o menor patamar em sete anos. Para ter uma noção, a Alemanha, 1º país do ranking, investiu 3,09% do Produto Interno Bruto em ciência, consequentemente em pesquisa e educação.

Toda essa desvalorização da pesquisa, faz com que pessoas interessadas em especializações *lato* e *stricto sensu* busquem oportunidades fora do país. Lembrando que não se trata "apenas" de não ter bolsa para o estudante, já que o corte de vagas e de cursos também é uma realidade.

Sem contar que nas áreas mais acadêmicas, que oferecem algum tipo de título oficial como mestrados e doutorados, por exemplo, o nível de dedicação e de tempo gasto acaba sendo enorme. Então, na maior parte dos casos fica praticamente impossível conciliar estudos com uma jornada de trabalho de 8 horas.

É por essa razão que o Sabático acaba tendo um papel fundamental para quem focar os estudos, pois ele fornece aquilo que geralmente falta: o tempo e a liberdade de deslocamento.

Com a agenda livre, um mundo inteiro se abre para quem está planejando passar por uma experiência de dedicação plena e muitas vezes exclusiva aos estudos. A parte boa é que muitos países oferecem centenas de vagas para intercambistas todos os anos.

Os programas geralmente abrangem estudantes de outras nacionalidades que buscam aperfeiçoamento técnico, de línguas ou de negócios. Eles podem aplicar para inúmeras opções que vão desde MBAs, a graduação, mestrado ou doutorado completo ou no formato sanduíche, que é quando o estudante fraciona o curso parte em seu país e parte no exterior.

Há, claro, os programas em que você se banca completamente após ter seu currículo aceito, mas também há inúmeras instituições que oferecem bolsas integrais, parciais ou algum outro tipo de ajuda, como acomodação no campus, por exemplo.

Vale ressaltar que o nível de tempo e dedicação para desenvolver com seriedade um programa (com ou sem bolsa) em universidades tupiniquins é tão elevado quanto em outros países. E ainda tem a vantagem de que dar uma pausa e mergulhar em teses e livros gigantes em nossa terra natal pode trazer um alento com o conforto do nosso lar e da nossa língua.

Se você pensa em tirar um Sabático com esse propósito, saiba que existem sites e canais especializados que reúnem informações e novidades sobre intercâmbios mundo afora. É o caso do blog "Partiu Intercâmbio", uma iniciativa que nasceu em 2013. Bruna Passos Amaral, fundadora da marca, viu a oportunidade de compartilhar a sua experiência em sete intercâmbios, dando dicas para quem gostaria de seguir o mesmo caminho.

Mas nem só de cursos extensos vive uma pessoa que quer estudar. Também existe a possibilidade de utilizar parcialmente o tempo de seu Sabático para atividades mais curtas, em jornadas dentro ou fora do país, como os cursos de verão, quando você poderá desfrutar de uma região diferente da sua.

Independente da escolha, estudar nunca será demais.

VOLUNTARIADO

Aqui está uma das poucas coisas que hoje em dia mudaríamos no nosso Sabático. Ter feito voluntariado agregaria tanto na nossa vida enquanto pessoas que é impossível tentar calcular os rumos que teríamos tomado.

O espírito solidário também move muita gente ao redor do mundo e faz com que muitos indivíduos deixem suas rotinas, em sua maioria confortáveis, para dedicar um período integralmente às causas sociais e humanitárias.

Segundo a Organização das Nações Unidas (ONU), "voluntário é o jovem, adulto ou idoso que, devido a seu interesse pessoal e seu espírito cívico, dedica parte do seu tempo, sem remuneração, a diversas formas de atividades de bem-estar social ou outros campos".

Já a Fundação Abrinq, por exemplo, diz que "o voluntário realiza um trabalho gerado pela energia de seu impulso solidário, atendendo tanto às necessidades do próximo, ou aos imperativos de uma causa, como às suas próprias motivações pessoais, sejam estas de caráter religioso, cultural, filosófico, político, emocional".

Mais do que ter a definição perfeita para o tema, o importante é entender o quão grandioso pode ser para sua jornada.

É normal, em primeiro lugar, pensarmos nas organizações mais famosas, como os Médicos Sem Fronteiras, por exemplo, mas há uma infinidade de formas e áreas para contribuir.

A mais comum delas é sentir motivação por alguma causa que mexa com seus sentimentos mais profundos. Aquela que nos comove e nos faz querer mudar o mundo, literalmente. Mas há também as áreas mais específicas, onde você pode oferecer e utilizar suas habilidades técnicas e seu conhecimento para ajudar.

Existe uma infinidade de organizações que cuidam de temas em prol da sociedade, mas se fôssemos classificar tais causas, a maioria delas provavelmente estaria englobada em um dos seis tipos abaixo:

TIPOS DE VOLUNTARIADO

1. Social
2. Ambiental
3. Cultural
4. Esportivo
5. Educacional
6. Saúde

É verdade que existem as mais diversas opções, mas tão verdadeiro quanto isso é o fato de que o voluntariado pode ser bem mais simples e estar muito mais próximo do que você pensa. Olha só: se dar aulas para crianças no Quênia não faz parte das suas possibilidades, que tal criar um clube de leitura em uma das escolas da sua cidade? E se você se juntar com seus amigos, será que não rola um dia de esportes na quadra do seu bairro?

Sabemos que falando assim parece simplista até demais, mas se é "pequenininho" que a gente tem que começar, que, pelo menos, seja transformando o que está ao nosso redor.

Onde procurar

O voluntariado contemporâneo tem uma marca interessante: a profissionalização. Bom, é óbvio que você pode procurar um local e se voluntariar por conta própria, mas encontrar uma instituição, governamental ou não, que realmente está precisando de apoio e que conecte com seu propósito, pode ser ainda mais incrível.

Podemos destacar em primeiro lugar o programa de Voluntários das Nações Unidas, que é um braço da ONU que contrata pessoas do mundo inteiro para auxiliar nas frentes de trabalho da organização.

São atividades nas mais diversas áreas, sendo que algumas são até remuneradas. O diferencial está na existência de oportunidades de voluntariado online. Esses geralmente são ligados a pesquisas ou programação.

Outro trabalho sério é o da *Volunteer Vacations*, uma plataforma social focada em ajuda humanitária e educação social. Seus fundadores, Alice Ratton, Mariana Serra e André Fran, são pessoas que, além de já terem percorrido o mundo, foram atrás de qualificar cada vez mais o mundo através do voluntariado social.

A "VV organiza ações em grupo onde os voluntários podem viver experiências humanitárias e sociais no Brasil e no mundo. Capacitamos cada participante, seguimos normas internacionais de segurança e toda ação é planejada de acordo com as demandas de nossas ONG's e projetos parceiros".

As ações não são gratuitas, porém são únicas, já que, além de dar respaldo técnico, a empresa fica responsável por organizar todo o trabalho e também pelo contato com as instituições. Itens como hospedagem e transporte durante o trabalho costumam estar inclusos nos programas.

Trouxemos propositalmente dois exemplos distintos, mas que se completam, pois o mais importante é que vidas e comunidades inteiras estão sendo tocadas através de ambos os projetos.

Você pode escolher o que couber no seu bolso, claro, mas acima de tudo o que te alavanque como ser humano.

Vivenciar uma cultura é
desacelerar ao ponto
de nos encaixarmos no
tempo de cada lugar.

PASSAR MAIS TEMPO COM A FAMÍLIA

De todos os objetivos que listamos, esse talvez seja um dos mais delicados. Isso porque ao longo dos anos e das conversas que tivemos com amigos e conhecidos, percebemos que esse é um dos principais motivos de arrependimento que as pessoas têm.

Seja o profissional que passou a maior parte da vida dedicando horas e mais horas unicamente ao trabalho ou alguém que tenha tido qualquer outro motivo para deixar sua vida pessoal e familiar de lado, o arrependimento é um sentimento comum entre eles.

Na maioria dos casos, a falta de equilíbrio entre vida pessoal e laboral deixa de ser uma fase para ser um hábito, afastando muita gente do convívio de entes queridos. E reconhecer isso geralmente leva mais tempo do que deveria.

Também existem outros porquês desse distanciamento, como o aumento no uso da internet e *smartphones* por toda a família. Um dos maiores estudos sobre a utilização de aplicativos, feitos pela consultoria App Annie, mostra que os brasileiros passam muito tempo em frente às telas.

Segundo a publicação, em 2019, gastamos em média de 3 horas e 45 minutos por dia usando apps como WhatsApp, Instagram e TikTok. Tal façanha nos rendeu o terceiro lugar, ficando atrás apenas de países como China e Indonésia.

Mas um estudo de 2013 da GlassDoor (antiga Love Mondays), uma das maiores plataformas de emprego e recrutamento do mundo, já apontava que o tempo em família estava longe do ideal.

Ao ouvir cerca de 2 mil habitantes de 25 países, a conclusão foi de que, em média, cada família passava 36 minutos de "tempo de qualidade". Somados, são apenas 15 dias a cada ano gastos com o que realmente importa: família.

Leia-se tempo de qualidade como aquele onde se faz algo prazeroso em conjunto, por exemplo, ir a um parque, cinema ou simplesmente tomar um bom café da manhã.

Desse total, 75% dos pais sentiam que seus filhos estavam crescendo rápido demais e cerca de 50% assumiram que não conseguiam equilibrar bem o tempo em família, principalmente pelo fato de ficar muitas horas no trabalho.

É natural que tal equilíbrio mude com os anos, já que em certos momentos da vida será necessário que foquemos mais esforços em nossas trajetórias profissionais. Nosso objetivo aqui não é julgar, mas sim mostrar que (quase) sempre há tempo.

Por isso que muitos não conseguem corrigir o curso da vida de forma conciliadora durante a jornada e acabam escolhendo o Sabático para retomar o tempo perdido.

Apesar de ser impossível viajar no tempo para recuperar o que perdeu, focar aquilo que ainda pode ser vivido no seio familiar é o que realmente importa e o Sabático pode te reconectar com estes laços.

JORNADA ESPIRITUAL

Comer, rezar e amar é um best-seller lançado em 2006, que virou filme, mas fora a parte que a Julia Roberts encontra um Javier Bardem pelo caminho, a história tem muitas nuances interessantes que podem te inspirar de alguma forma (ok, pode ser que a possibilidade de encontrar um Javier te motive ainda mais, rs).

O enredo da autobiografia escrita por Elizabeth Gilbert é similar em algum ponto da vida de quase todo mundo que decide fazer um Período Sabático: uma mulher com a vida profissional, financeira e amorosa completamente bem resolvidas e estáveis, mas que não se sentia feliz e realizada.

O que ela faz, então? Pede demissão, vende todos os seus bens, separa-se do marido e começa uma viagem de um ano, para segundo a própria, iniciar "a busca de uma mulher por todas as coisas da vida na Itália, na Índia e na Indonésia".

Claro que a "lição de moral" do livro é um pouco mais profunda do que parece, pois é um chamado para o fato de que nós devemos nos conhecer melhor, além de começarmos a assumir integralmente a responsabilidade do nosso próprio caminho e também sobre a importância de pararmos de viver conforme os desejos e ideais da sociedade.

Uma das fases desta autodescoberta passa por rezar. Elizabeth foi à Índia para uma espécie de retiro espiritual e, dentre muitas coisas, passou cerca de quatro meses se dedicando à meditação e outras práticas correlatas.

Essa reconexão com a religião ou espiritualidade também pode ser um de seus objetivos durante o Sabático. Seja a busca pela iluminação, o aprofundamento dos conceitos teológicos, o encontro com a paz interior ou de um entendimento espiritual, alimentar a alma também passa pela Fé.

Se a Fé move até montanhas, que dirá pessoas. É por isso que muita gente aproveita esse tempo de pausa para peregrinar pelo mundo.

Geralmente essas opções ligadas à peregrinação envolvem reproduzir passagens contidas em textos religiosos, históricos ou dogmáticos. E aqui podemos citar vários exemplos como os diversos caminhos em direção a Santiago de Compostela, a Kora, peregrinação sagrada de 52 quilômetros ao redor do Monte Kailash, no Tibete, e o Hajj, o caminho muçulmano que leva à Kaaba.

É sempre emocionante ver a forma como os peregrinos levam suas vidas durante essas longas caminhadas. Não só porque elas exigem fisicamente de cada um, mas também como os ensinamentos são os mais diversos. Assim como um Período Sabático é completamente pessoal, mesmo estando em casal, por exemplo, estas jornadas têm lições e deixam marcas completamente diferentes em cada um.

Você pode conversar com quantas pessoas quiser que tenham feito o Caminho de Santiago, e todas elas podem até descrever um pouco do sentimento, mas, no final, a dica será a mesma: "Só fazendo para saber."

Existem também aquelas que não estão ligadas propriamente ao deslocamento territorial, como a dedicação aos estudos bíblicos ou à prática da meditação contida em diversas doutrinas filosóficas. É como o psicanalista Carl Gustav Jung disse: "Quem olha para fora sonha, quem olha para dentro desperta."

Independentemente de estar ligada a uma religião específica, jornadas espirituais visam auxiliar o indivíduo a buscar caminhos para elevar sua consciência sobre a vida e reencontrar sua essência.

TRANSITAR PARA UM NOVO ESTILO DE VIDA

E por último, mas não menos importante, temos "transitar" como opção do que fazer durante sua pausa. Seja para mudar seu estilo de vida ou área de atuação, aqui está a chance de tomar os rumos que deseja.

Geralmente, tirar um Período Sabático antecede grandes tomadas de decisão. A reflexão sobre nossos próximos passos muitas vezes tem como tema central uma mudança interna, como a elevação de nossa consciência sobre o que queremos e o que não queremos de nossas vidas.

Mas ela também vai além disso.

A gente sonha em ter uma vida completamente diferente da que levamos, mas o medo de não se adaptar acaba nos paralisando e assim, dia após dia, ele fica cada vez mais adormecido.

Por isso, utilizar seu Período Sabático pode ser uma bela alternativa para simular um novo estilo de vida, aquele que tanto quer. A parte boa é que é só um teste, não é nada definido e, ao final, você pode escolher se volta ou não para a sua antiga vida.

É possível, por exemplo, usar esse período para saber se é uma boa mesmo mudar de cidade ou de país. Parece maravilhoso morar em uma cidadezinha no meio da Toscana, mas será que a vida pacata — algumas vezes até pacata demais — é para você?

E o sonho de morar na praia? Atire a primeira pedra a pessoa que visitou Maragogi e não tenha pensado pelo menos por um segundo "e se eu comprasse um terreninho aqui, hein?".

Quando nos identificamos com um lugar, é comum pensarmos em como seria uma vida ali. Mas é preciso ter o discernimento de que, por mais maravilhoso que seja, nem sempre aquela cidade, estado ou país, sirva para você no dia a dia.

Sem contar que as experiências que temos quando estamos de férias, quase nunca retratam a verdade. Além de estarmos animados e encantados, dificilmente teremos tempo hábil para ver as coisas ruins ou teremos que lidar com assuntos burocráticos como serviços de água e luz, por exemplo.

Mas quando a identificação é real, usar seu Sabático para uma temporada pode ser uma jogada de mestre.

Se você busca transitar de carreira, esse período de "pausa" também pode ser superpositivo. Nesse tempo, você pode se especializar em um assunto novo ou recomeçar do zero e partir para uma nova graduação, não importa. A parte boa é a mesma: o benefício do teste!

Ah! Porém é preciso levar em conta que durante o Sabático o formato da gestão financeira e do seu sustento é diferente. Durante esse período, nós suprimimos completamente, ou minimizamos nossas atividades laborais, atrelando nossa sobrevivência a rendas passivas ou utilizando reservas de dinheiro previamente conquistadas.

Mesmo assim, isso não quer dizer que você não possa usar esse período para testar novos modelos de remuneração ativa, como realizar freelas ou participar de projetos, caso deseje.

Então aproveite, pois poucas vezes temos a chance de fazer um *test-drive* de "**vida nova**", como é possível durante o Período Sabático.

Conversas corriqueiras e ordinárias podem conter histórias extraordinárias.

Mantendo seu *networking* ativo durante o Sabático

SE SABÁTICO NÃO É UM ESTILO DE VIDA, é porque, em algum momento, você retornará para sua vida laboral. Mesmo que seja em um ramo ou forma completamente diferente do modelo anterior, é preciso encarar o fato de que o trabalho continua sendo uma atividade necessária e engrandecedora.

Considerando que sua pausa tem início, meio e fim, o processo de retorno e readaptação dependerá não apenas da sorte de pintar uma vaga perfeita para seu perfil, mas também da sua ligação com pessoas que possam agregar com o seu futuro, podendo ser possíveis mentores, empregadores ou parceiros de negócio.

Quanto mais você se manter conectado com sua rede de contatos profissionais, mais fácil será a sua reintrodução ao mercado de trabalho. Independente de sua escolha, reconstruir sua rotina, adicionando novamente o seu esforço produtivo diário, precisará de um networking ativo para que essa retomada aconteça mais rapidamente.

Mas olha: mesmo sendo algo que te ajudará, isso precisa ser orgânico. Se manter presente (fisicamente ou não) em círculos sociais, sejam eles focados ou não em sua área de atuação, é extremamente importante para compreender como a visão de mundo está sendo moldada, mesmo estando longe de suas atividades laborais.

Economia, política, trabalho e quaisquer assuntos podem conter *insights* poderosos para você criar sua própria interpretação de onde oportunidades podem surgir no seu retorno.

Lembre-se de que o *networking* deve ser visto como uma relação "ganha-ganha". Não existe pior estratégia do que tentar "fazer" *networking* apenas quando precisa de favor e simplesmente esquecer seus contatos após conseguir o que queria. Redes de relacionamento precisam ser alimentadas com frequência e reciprocidade. É por isso que, durante o seu Sabático, você terá mais tempo para apoiar quem precisa.

Mesmo estando fora do mercado, é plenamente viável apoiar projetos de colegas, pares, amigos e familiares. Fazendo isso, as portas sempre estarão abertas para você acioná-los quando for preciso.

Eu, Eberson, recebo dezenas de mensagens no LinkedIn de profissionais que não tive a oportunidade de conhecer, trabalhar junto ou de ter uma experiência mais próxima, mas que pedem que eu os indique para uma empresa ou uma oportunidade de trabalho. Nestes casos, mesmo sendo empático, seria negligente da minha parte simplesmente recomendar alguém cujo trabalho eu não conheço. Existe, claro, uma diferença enorme entre repassar um currículo e indicar, de fato, alguém para uma vaga específica.

Isso porque indicações são extensões de confiança e o seu processo de concessão para um colega ou parceiro estratégico acaba sendo a prova de que você tem uma rede de contatos relevante. Tratar com descuido tal confiança pode jogar fora todo o esforço despendido para construção deste ativo na hora que você precisar dele durante sua readaptação.

Sua marca pessoal precisa estar viva no Sabático

Outra característica comum que percebemos em quem sai em Período Sabático é parar completamente de imprimir sua marca pessoal, seja nas redes sociais ou em qualquer outro lugar. É natural que precisemos de um *detox* digital e geralmente usamos parte do nosso tempo para isso, mas é importante se manter ativo com sabedoria e estratégia para não ser esquecido pelo mercado. Se isso for relevante para o seu retorno, claro.

Com certeza, você conhece a máxima "quem não é visto não é lembrado", certo? Ela é verdadeira quando falamos em recolocação ou fazer negócios. Se o desafio já é grande para quem acabou de sair de um emprego, pois o conhecimento e os contatos estão frescos, imagine quem fica um tempo completamente desligado do que está acontecendo no mundo e principalmente de seu setor de interesse.

Estar ativo não quer dizer ser escravo da rede social ou ocupar mais tempo nela do que você necessita, perdendo horas preciosas navegando apenas para parecer presente.

Eu, por exemplo, compreendi que precisava continuar escrevendo artigos para o LinkedIn, não apenas para manter minha rede de contatos ativa, mas como um novo hábito que me ajudava a aliviar o estresse.

Durante o Sabático, comprometi-me a publicar semanalmente pensamentos e aprendizados que tive ao longo da minha carreira. Eram textos com duas a três páginas escritas ao longo de uma manhã. Não colocava prazo, nem me prendia em um dia fixo, apenas sentava e escrevia quando achava que já tinha algo montado na cabeça.

Aquela foi a forma que encontrei para ajudar pessoas que passavam por situações parecidas com as que vivi, mas sem cair na tentação de transformar um *hobby* em trabalho.

Mesmo sem saber o que aconteceria no futuro e se aqueles artigos serviriam para que meus contatos se lembrassem de mim quando precisasse acioná-los no retorno, mantive essa rotina de forma despretensiosa por 12 meses. Para minha surpresa, fui selecionado pela plataforma como um dos Top Voices de 2018, mesmo estando fora do mercado e sem sequer ter um produto ou serviço para vender.

O título de Top Voice oficial do LinkedIn me abriu portas que nem imaginaria um dia explorar. Criar conteúdo poderia virar um filão interessante caso eu não voltasse para o mercado formal de trabalho como executivo e era para isso que o Sabático até o momento estava servindo: refletir se eu estaria realmente disposto a retornar para uma vida corporativa que cada vez mais perdia o sentido.

Naquela altura, sair na lista da rede social foi o empurrãozinho de que precisava para pensar seriamente em retornar com um novo modelo de vida e de carreira. Eu poderia explorar um novo formato de trabalho, tendo um retorno financeiro suficiente para viver com maior liberdade, mantendo o foco em ajudar as pessoas e principalmente fazendo aquilo que tinha virado uma paixão.

E assim aconteceu. Já são anos fora do mundo corporativo e seguindo uma vida completamente livre de agendas que não fazem sentido. Este livro que está em suas mãos e o *Carreiras Exponenciais*, por exemplo, são frutos daquele hábito semanal de escrita que me trouxe de volta o equilíbrio que buscava e que se tornaria minha principal ferramenta laboral. Tudo isso graças ao *Networking* e minha exposição nas redes sociais durante o Sabático.

Não tenha medo ou vergonha de colocar o seu Sabático no currículo!

"O que te levou a fazer um Período Sabático?"

Pode ser um pouco complicado responder essa pergunta em uma entrevista de emprego. E entendemos muito bem o quão apreensivo é para um profissional que está buscando voltar ao mercado de trabalho ter que falar sobre uma etapa tão complexa.

Durante os processos seletivos, era normal uma checagem de quanto tempo um candidato ficou fora do mercado, dando preferência para aqueles que sempre engatavam um emprego no outro como se isso definisse o quão desejados ou bons eles seriam. Já os que tinham intervalos maiores entre suas experiências profissionais eram logo descartados sob a premissa inversa, se aparentemente tinham dificuldades de se recolocarem, era um sinal de algo de errado.

Apesar de banalizados pelas empresas e seus RHs durante muito tempo, hoje vimos uma conscientização maior sobre a importância do autoconhecimento, da saúde mental e do descanso laboral ao longo dessa jornada tão longa que é a nossa carreira.

Com o avanço desse entendimento, boa parte dos recrutadores começou a ver com outros olhos quem traz no currículo experiências não tão tradicionais como um Período Sabático, por exemplo. Hoje há mais disposição em ouvir e compreender o que levou aquele candidato a tirar um tempo fora do mercado, inclusive ponderando positivamente, pois ela pode demonstrar o quanto ele se conhece bem.

Apresentar segurança, maturidade e ter maior clareza sobre seus objetivos pessoais é algo altamente desejado.

Assim, aos poucos, o Sabático deixa de ter um estigma pejorativo como sendo uma fuga da realidade e passa a ser reconhecido como uma prática importante de autoconhecimento na análise de muitos empregadores. Tanto é verdade que o Sabático já possui até um campo específico no LinkedIn, onde você pode colocar esse hiato dentro do seu perfil, por exemplo.

Minimalismo e o Sabático

Chega a ser engraçado quando olhamos para trás e percebemos como algumas escolhas inconscientes que fizemos no Sabático mudaram completamente nossa visão de mundo.

Nós, enquanto família, tínhamos o hábito de comprar muitas lembrancinhas nas viagens de férias que fazíamos. Não apenas para presentear os amigos, mas também para a nossa casa.

A intenção era até boa: quem sabe uma miniatura da estátua da liberdade não nos ajudaria a lembrar com mais carinho dessa viagem tão incrível? A ideia em si não está errada, mas a forma como fazíamos isso: apenas por comprar.

Imã de geladeira, miniaturas, copinhos de shot, quadros, artesanato, bilhetes aéreos, entradas de shows, ingressos de atrações... até cardápios e tampas de cerveja vinham na mala. A maioria ia direto para alguma gaveta e os objetos mais sortudos ganhavam certa exposição em alguma prateleira (com o único objetivo de **juntar poeira**)!

Demo-nos conta disso tudo apenas quando a parte prática do Sabático começou e tivemos que fazer caber em um container de 12 metros os objetos e as memórias que enchiam uma casa de mais de 300m².

A tarefa de escolher o que fica, o que guarda e o que irá para a doação é terapêutica, além de ser um belo tapa na cara. Roupas, quadros, mapas, livros, revistas, sapatos. Eram gavetas e estantes inteiras cultivadas apenas para mostrar que as tínhamos.

E só. Sentimento de posse. Puro e simples.

Enquanto íamos separando os objetos que realmente queríamos, caixa por caixa, paramos para refletir seriamente sobre os porquês de um comportamento tão consumista. Algo que julgávamos não sermos.

Sério! A gente realmente acreditava que não comprava nada além do necessário!

Então, de uma maneira despretensiosa, começamos a ser mais rigorosos na escolha do que seria guardado, escolhendo apenas coisas que, a nosso ver, eram úteis e faziam sentido. Assim desapegamos de tanta, mas tanta coisa que as instituições para onde enviamos as doações ficavam em festa.

Mesmo sem ter sido de forma planejada, aplicamos um dos conceitos do Minimalismo, algo bem próximo do que contamos sobre o Essencialismo e que ficou amplamente famoso com o documentário da Netflix *Minimalismo: Um documentário sobre as coisas importantes*, que retrata a experiência dos amigos Ryan Nicodemus e Joshua Fields Millburn em suas jornadas rumo a uma vida fora do consumismo exagerado, que adoece milhões de pessoas ao redor do mundo.

Apesar de ser algo extremamente particular, como sempre reforçamos aqui no livro, essas experiências, juntamente com práticas como Essencialismo e Minimalismo, tendem a ser um potente motor de reflexões e de mudanças de hábitos.

Não estamos te incitando a vender todas as suas coisas e simplesmente cessar por completo as compras. Na verdade, achamos que será natural se deparar com esses mesmos questionamentos, seja antes, durante ou depois do seu Sabático.

Aconteceu conosco e mesmo que você saia para sua jornada sem se desfazer de nada que tem, mantendo sua casa totalmente intacta, temos certeza de que, em seu retorno, sua compreensão do que significa essencial terá mudado pelo menos um pouquinho.

Hoje, alguns anos depois do nosso retorno, ainda pensamos assim.

Obviamente, estamos longe de ser aquele tipo de pessoa que tem apenas uma mesa, uma cadeira e uma cama, mas, sem dúvida, temos o mínimo de coisas que julgamos suficientes para nossa vida ser prática, porém confortável.

OBS.: Sim, ainda temos nossa coleção de imãs de geladeira, rs.

Dubrovnik – Croácia

Parte 5

RECOMEÇOS

Voltei e agora: sou um estranho no ninho?

AQUELA MÁXIMA QUE DIZ "Ir é bom, mas voltar é ainda melhor" é a mais pura verdade! Tão bom quanto sair em Sabático é a empolgação de retornar. Leva tempo até assimilar tudo o que aconteceu ao longo desse período, mas é inegável que retornar tem, sim, seu valor.

Se incluir viajar ou ficar distante das pessoas de seu convívio então, soma-se ao *mix* de emoções um sentimento característico: a saudade!

Após passar um tempo longe de quem amamos, estamos entusiasmados não apenas para encontrar, abraçar e beijar, mas principalmente para contar todas as aventuras que vivemos nessa jornada transformadora chamada Sabático.

Só que a verdade é que nem tudo são flores. Claro que a saudade quase sempre é recíproca, mas existem algumas coisas que terão tamanhos e significados diferentes para cada um de nós, mas que, no geral, incomodam nem que seja um pouquinho.

Mesmo que tenha planejado muito bem sua pausa, ter preparo emocional e psicológico para a volta também é fundamental. Não estamos falando do retorno ao trabalho, mas, sim, da vida pessoal.

Isso porque, após a euforia daqueles primeiros momentos de reencontro, o passo a seguir quase sempre é uma conversa de atualização dos fatos acontecidos durante esse tempo.

Neste momento, diferenças, mesmo que sutis, começam a aparecer para ambos os lados. Aos poucos, quem saiu tem a sensação de que pouco mudou em sua ausência, e quem ficou, parece que está diante de uma outra pessoa. E, na maior parte das vezes, realmente está!

E se, ao voltar, você sentir pelo menos um pouquinho de frustração, ou que as pessoas não querem se aprofundar ou não dão importância para as suas experiências, saiba que você não está só!

Independente das proporções desse sentimento, ele é real e pudemos comprovar na prática.

Apesar de parecer falta de interesse, a verdade é que os ouvintes não terão a real dimensão do que está sendo contado, principalmente se nunca viveram nada ou, ao menos, parecido. Então tenha em mente que — na maior parte dos casos —, não é proposital, e sim falta de referência. Chamamos isso de "crise do retorno".

E não somos apenas nós, Eberson e Iara, que estamos dizendo que é relativamente comum esse sentimento de deslocamento, vazio ou falta de pertencimento.

Este sentimento pode ser explicado por um estudo realizado pelos pesquisadores de Harvard, Gus Cooney, Daniel T. Gilbert e Timothy D. Wilson.

No artigo *The Unforeseen Costs of Extraordinary Experience* ou "Os custos imprevistos da experiência extraordinária", publicado em 2014 pela *Psychological Science*, os autores concluíram que pessoas que experimentaram vivências completamente diferentes de seus pares, acabaram sendo naturalmente isoladas por grupos de pessoas que viveram algo comum.

Ou seja: ter passado por situações semelhantes nos conecta, enquanto experiências diferentes (por mais incríveis que sejam) tendem a não ser tão bem recebidas quanto as experiências em comum.

O artigo deixa claro que na tentativa de readaptação, algumas pessoas acabam se retraindo e se isolando por conta da dificuldade de compartilhar suas experiências com familiares e amigos.

Já o estudo da autora Erica J. Boothby, veiculado na mesma publicação, fala que experiências compartilhadas são amplificadas. No estudo, pessoas que comiam uma barra de chocolate com outras davam uma nota superior para o gosto e aroma da guloseima do que quem a comia sozinha.

Isso tudo corrobora o fato de sermos seres sociáveis e que buscamos aceitação para que sejamos incluídos em grupos que queremos pertencer, mas ter tido experiências diferentes a esses grupos acaba dificultando esse acolhimento.

Travessia

"Parece pausa, mas é travessia."

Essa frase da jornalista e escritora Sabrina Abreu pode ser usada em muitos momentos da vida, mas é ainda mais perfeita se a trouxermos para definir a montanha-russa que é um Período Sabático.

Evidente que cada pessoa sinta de um jeito, mas, ao destrincharmos cada uma das palavras usadas na frase, temos certeza de que um filme passará em sua cabeça, porque, por mais que utilizemos o tempo todo a palavra pausa como sinônimo de Sabático, sabemos muito bem que, na verdade, não tem nada parado.

Pelo contrário: tudo está em movimento.

E, ao final, mesmo que você tenha rodado o mundo ou ficado em casa ao longo de semanas ou meses, é bem provável que sua jornada interna tenha sido uma travessia e tanto. Passo a passo, cada pessoa vai escrevendo, fazendo e sentindo seu próprio caminho, e a travessia em si pode ter sido calma ou em meio à tempestade.

Ainda que seja transformador, um Sabático não é a resolução dos problemas. Ele, no máximo, aponta um norte, uma direção para uma vida mais equilibrada, mas é você quem precisa resolver a situação.

Exemplo disso é a pessoa que se descreveu como *"workaholic* em reabilitação" no começo deste livro: ela segue na mesma página, tentando encontrar o equilíbrio necessário.

Falando em equilíbrio, por mais importante que seja planejar o seu retorno, sempre existirá um pedaço da sua volta que jamais caberia em planilha alguma. Isso porque é algo impossível de mensurar: o novo você!

Um novo você

Quando sentenciamos que haverá um outro você, não se trata apenas de uma jornada linda e linear que alguns livros de autoajuda pregam. Nada contra, mas se somos reflexo do que vivemos, lemos e pensamos, é quase óbvio que será absolutamente transformador passar por um Período Sabático.

Também é verdade que dificilmente você caberá novamente na sua vida antiga. Por mais poético que possa parecer, você precisa se preparar para isso.

Independente dos motivos que te levaram à pausa ou a forma como aproveitou esse tempo, além de não caber na vida antiga, é muito provável que você também já não seja mais a mesma pessoa. E isso é ótimo!

É ótimo, mas igualmente assustador!

Ótimo porque é muito comum que vivências como um Sabático mexam fortemente com a sua visão de mundo e o que você considera prioridade na vida. Convenhamos que é assustador dar um salto desses no escuro, sem nem saber para onde. Lembro-me de que eu, Iara, me peguei pensando: "E se não restar mais nada de mim?".

Poucas coisas são mais apavorantes do que se entregar à vida a tal ponto de deixá-la te mudar. Seja uma coisa simples como finalmente pintar o cabelo ou mais profundas como seus valores ou crenças.

Vou te contar uma história que ilustra bem:

Em 2018, quando partimos para a tão sonhada e planejada viagem, alugamos nossa casa com praticamente tudo dentro. Os objetos pessoais e alguns móveis mais especiais foram parar em um pequeno depósito e nossas coisas ficaram lá por cerca de oito meses.

Fiquei apenas com meu computador e as roupas da viagem. Tudo que eu tinha naquele momento cabia em uma mala de mão e uma mochila avermelhada (sim, viajei 6 meses com bagagem de mão e esse assunto rende até outro livro!).

Já naquele container de galpão foram parar mais de 15 caixas, todas com as minhas iniciais para identificar que ali estavam os objetos mais pessoais. Quinze volumes contendo praticamente apenas roupas e sapatos.

Itens que eu jurava serem essenciais para a minha vida.

Quando voltamos e pegamos nossas coisas de volta, um dos maiores choques foi reabrir as tais caixas. A cada peça de roupa que eu tirava, uma lágrima escorria pelo rosto. Saudade das minhas tão adoradas peças básicas? Não. Da minha coleção de tênis? Muito menos.

Eu chorava simplesmente porque aquelas roupas não me cabiam mais. Aliás, elas até continuavam servindo perfeitamente no meu corpo, mas não faziam mais sentido para a pessoa que eu era naquele momento.

Só que o grande problema era que eu também não sabia mais quem era.

Eu ainda estava processando tudo o que vinha acontecendo, e dentre tantas dúvidas, a única certeza naquele momento era que eu havia mudado tanto as minhas prioridades, que boa parte do que eu tinha não significava mais nada para mim.

Caso tenha atiçado sua curiosidade, vou dar um *update* do que considero feliz: na nossa última mudança (2022), eu tinha apenas três caixas de roupas e meia (isso, meia caixa) de sapatos.

Se acho que sou melhor que alguém por ter menos coisas? Claro que não. A verdade é que, por mais estranho que possa parecer, ter menos coisas deixou minha vida mais fácil e eu compreendi de uma forma profunda algo até óbvio: que coisas são apenas coisas.

Tudo isso para dizer que, já que vai surgir um novo você, tente fazer desse processo o mais prazeroso possível. Escute o que você realmente quer para sua nova vida.

E se for continuar com 15 caixas de roupas, que seja para ser feliz.

Claro que é preciso se abrir à vida para que ela te apresente novos caminhos, só que, durante um Sabático, estar em dúvidas e não ter respostas é uma constante.

Logo no prefácio deste livro há um dos principais conselhos que se pode dar: A jornada do Sabático não é uma corrida, não é uma maratona, mas é uma espécie de peregrinação, onde o tempo é o companheiro de viagem indispensável para alcançar o ponto de chegada desejado.

Então se prepare para uma transformação, mas não espere um milagre. Mais do que aguardar até que brote "um novo você", corra atrás de entender suas emoções e de que forma você pode reequilibrar o que estava fora de compasso quando saiu.

Mas acima de tudo: curta cada segundo! Aproveite essa oportunidade com consciência do quão única ela é, pois você já não precisa mais ter as amarras de antes.

Por fim, esperamos ter trazido respostas práticas, mas sobretudo ter te inspirado a se jogar e mergulhar profundamente dentro dos seus sonhos.

Tenha uma ótima jornada.

Eberson e Iara

Poucas coisas são tão apavorantes
quanto se entregar à vida a tal
ponto de deixá-la te mudar.

Berlim – Alemanha

Posfácio – Sabático e o futuro: Essa prática continuará existindo?

EU, EBERSON, LEMBRO COM NOSTALGIA da minha passagem da infância para a adolescência. Aquele período foi essencial para brotar uma paixão que carrego até hoje pela ficção científica. Muitos filmes do início dos anos 1990 me marcaram bastante, pois ajudaram a construir minha percepção sobre a tecnologia e o que penso sobre a evolução humana.

Meu encanto não era pelos efeitos especiais, mas pela representação de um futuro que parecia muito distante da realidade que eu vivia. Entre uma fita VHS e outra, eu sonhava com arranha-céus com quilômetros de altura, robôs e viagens interplanetárias. Sem dúvida, meu desejo era vê-los um dia dentro do meu cotidiano.

Naquela época, telefones celulares, computadores e a internet estavam longe de serem democratizados, e na visão de boa parte da população mundial, aquela parafernália toda demoraria séculos para chegar em suas mãos. Felizmente, foram apenas alguns (poucos) anos até que pudéssemos ter acesso a elas.

De lá para cá, vivemos uma escalada evolutiva jamais vista até então na nossa história. As novas tecnologias revolucionaram inúmeros setores produtivos, das telecomunicações às viagens ao espaço, da globalização econômica ao Metaverso acessado via realidade virtual. Temas que até 30 anos atrás pareciam existir apenas em filmes ou livros de Isaac Asimov e Phillip K. Dick.

Mas, mesmo diante de tamanha evolução tecnológica, a questão que levantamos é se uma tradição milenar como o Período Sabático, que vem sendo adaptada para o mundo do trabalho e sobreviveu a outras tantas revoluções que tivemos, será deixada de lado definitivamente no século XXI.

Será que, no futuro, uma das formas de realizar um Sabático consistirá em nos desligarmos de uma vida real frenética e nos plugarmos em outra realidade, agora virtual e sem sair fisicamente de casa? Será que vamos preferir viver tal experiência transformadora conectados?

Acredito que não, mas impossível não será.

Segundo Kenneth Corrêa, Diretor de Estratégia da 8020 Marketing, mesmo que exista um Metaverso mais sofisticado no futuro, com uma experiência mais imersiva do que temos atualmente e que ajude a despertar nossos cinco sentidos, nada leva a crer que algum dia haverá uma substituição absoluta da vivência física.

Por outro lado, experiências mais longas no Metaverso serão uma boa opção para quem não pode viajar, seja por falta de tempo, de dinheiro, por não saber falar o idioma ou até por restrições físicas.

Em breve, veremos pessoas passando dias conectadas, ressalta o especialista brasileiro, apontando que o acesso será facilitado pela provável redução do tamanho e do custo dos óculos, além da melhoria de Apps cada vez mais realísticos, fazendo a experiência ser muito mais confortável.

Basta analisar o vício existente na utilização de celulares e computadores para concordarmos com esse prognóstico. Se nos dias de hoje já existe uma fixação exagerada pelo mundo virtual, imagine com a oferta de dispositivos altamente imersivos. Empresas como Neuralink ou Synchron trabalham agora para desenvolver implantes cerebrais, por exemplo, e aí será ainda mais fácil e atraente ficar conectado por um longo período.

O que nos leva a crer que, tecnicamente, não apenas seria possível, mas como hoje já dá para viver um Sabático lá dentro.

Por outro lado, não podemos esquecer que, mesmo que hoje o Metaverso seja visto e utilizado como uma espécie de console de videogame, também será no futuro uma ferramenta de trabalho.

Com essa nova tecnologia, será ainda mais natural passarmos turnos inteiros imersos e conectados para fins profissionais, pois a experiência ficará (ou parecerá) cada vez mais real, e mesmo que trabalhe em um escritório 3D, estará convivendo normalmente com seus colegas de trabalho como se estivesse fisicamente bem ao lado deles.

É controverso pensar nisso, pois se hoje temos uma clara alienação do mundo físico com as redes sociais, em algum momento futuro, a fuga da realidade poderá se inverter, passando a ser ficar mais tempo desconectado.

Se imaginarmos que boa parte das pessoas terão que mergulhar no Metaverso para desempenhar atividades laborais em empresas e cidades virtuais, nos restará apenas aproveitar os momentos de descanso e ócio no mundo físico.

Por isso que, apesar de todo o fascínio que a tecnologia exerce sobre mim desde a infância, gostaria de ver o Período Sabático, enquanto essência de reflexão, longe dela.

Índice

A

Åkerström, Lola Akinmade 51
ambiente externo, incertezas do 77
ano sabático 21–22
   como nasceu 22
   shəvi'it 21
   Shmita 21
ansiedade 11, 96
Aristóteles 59
atual custo de vida, consciência sobre 76

B

baby boomer, geração 24
balanço financeiro, importância 81
boa alimentação 42

Bull, Cornelius Holland 24
burnout 12–13, 31
   Karoshi e 13–14

C

cenários, criar 78
ciclo rotineiro de estresse 41
conceito de felicidade 45
conflito interno 49
Covid-19 2, 45, 60–61, 77
   e saúde mental 40
criatividade 60
culpa, sentimento de 54
cultura 103–105, 112
   vivenciar uma 104
custo de vida 76, 84–86

D

De Masi, Domenico 59
descontentamento
　patológico 27
　profissional 26-27
desintoxicação 31
Duxbury, John 51

E

educação 23, 106-111
equilíbrio, encontrar o 25
era industrial 53
escolhas 5
espiritualidade 115
essencialismo 99-101
essencialista, pessoa 101
estilo de vida 14, 63, 71, 119
　e essencialismo 99-100
　sabático não é 29
　transitar para um novo 116-117
estresse, ciclo rotineiro de 41
estudar e sabático 106-108
excessos, evite os 51
exercício físico 42

F

falta de tempo, lema da 15-16
família e sabático 113-114
férias 53
Fika, prática da 51

finanças, planejamento 75
FoMO 97
fracasso, não tolerar o 27

G

gap year 23-25
　Cornelius Holland Bull 24
gatilho 98
grande renúncia 48
grande resignação 45-47
grande ressignificação 48

H

hábito
　como é criado 98
　hyggelig 50
home office 46, 60
horas trabalhadas
　versus produtividade 14
humildade e viagem 104-105
Hygge 50

I

IBM 23
insatisfação
　como impulso 27
　com onde mora 27
inteligência artificial 47, 60

J

jornada
  espiritual e sabático 114-116
  híbrida 46
Jung, Carl Gustav 116

K

Karoshi 13, 16-17
  e burnout 13-14
Klotz, Anthony 45

L

labor 60
Lagom 51, 101
  versus trabalhar demais 51
Lanman, Charles 22
lenda, sobre sabático 22
liberdade e escolhas 6
lidar com o tempo 5
Lima, Victória Blanco 27
limites, não ultrapassar 76

M

Maltz, Maxwell 98
marca pessoal 120-122
maus hábitos 95
metaverso 137-139

minimalismo 123-124
mulheres, jornada no lar 26

N

não chute o balde 37-39
networking 90
  manter durante o sabático 119
nômade digital 32-33
nomadismo digital 29-32
  versus período sabático 29
  versus trabalho remoto 33
novo estilo de vida e
  sabático 116-117

O

objetivo claro, ter um 41
ócio 53, 59
ócio criativo 59-60, 60
  base para o equilíbrio da vida 61
ostracismo social 61

P

pandemia de Covid-19 40, 45-46,
  60-61, 77
  conceito de felicidade 45
  nova forma de trabalho e 46
peregrinação 6, 115, 134
período de readaptação 90

período do emprego fantasma 98
período sabático 16, 22, 50
  enriqueça seu tempo livre 62
  gastos
    alimentação, moradia/hospedagem 83
    e objetivo 82
    e saúde 82
  perguntas importantes 64
  planejamento 63
    atual custo de vida 76
    custo de vida diário 86-87
    finanças 75
    retorno e readaptação 90
    verba de contingência 87-88
  propósitos 62
  readaptação 67
  recursos financeiros 68
  requer dinheiro 43
  tempo ideal para planejar 65
  versus nomadismo digital 29
planejamento
  a importância de 38
  liberdade conquistada 95
  retorno e readaptação 90
poder do hábito 97
pontos fortes e fracos 39
processo de autoconhecimento 5
produtividade
  versus horas trabalhadas 14

R

readaptação 66, 75, 81, 119-120, 90
recompensa 98
reconexão interior 50
redes de relacionamento 119
rede social e vida 27
reserva financeira 87-88
  versus verba de contingência 89
retorno 64, 66-68, 75, 79-81, 89-91, 129
  crise do 130
  e readaptação 119
rotina 98
  Lagom 101

S

sabático
  ano 21
  e cultura 105
  e família 113-114
  e jornada espiritual 114-115
  e os estudos 106-108
  lenda sobre 22
  metaverso e 138
  não é estilo de vida 29
  na vida moderna 22-26
  networking durante o 119-120
  novo estilo de vida e 116-117
  o que motiva 23

tempo livre e 62
viajar e 103
voluntariado e 109
saúde mental 40-43
shabat 22
Shmita 21
sinais, corpo e mente 38-42
singularidade humana 47, 62
sites, economizar dinheiro 85-86

T

tempo
  de qualidade 114
  livre e sabático 62
terapia 39
  importância da 41
Tolle, Eckhart 49
Torá 21
trabalho remoto 31-32, 46
  versus nomadismo digital 33

V

verba de contingência 87-88
  versus reserva financeira 89
viajar e sabático 103
vida real 27
viver bem, um prazer julgado 26
voluntariado 63, 82, 109-112
  contemporâneo 110-111
  no sabático 109-112
  onde procurar 110-111
voluntário 109

W

workaholic 15
  em reabilitação 16

Y

year off. Ver gap year

Projetos corporativos e edições personalizadas
dentro da sua estratégia de negócio. Já pensou nisso?

Coordenação de Eventos
Viviane Paiva
viviane@altabooks.com.br

Contato Comercial
vendas.corporativas@altabooks.com.br

A Alta Books tem criado experiências incríveis no meio corporativo. Com a crescente implementação da educação corporativa nas empresas, o livro entra como uma importante fonte de conhecimento. Com atendimento personalizado, conseguimos identificar as principais necessidades, e criar uma seleção de livros que podem ser utilizados de diversas maneiras, como por exemplo, para fortalecer relacionamento com suas equipes/ seus clientes. Você já utilizou o livro para alguma ação estratégica na sua empresa?

Entre em contato com nosso time para entender melhor as possibilidades de personalização e incentivo ao desenvolvimento pessoal e profissional.

PUBLIQUE SEU LIVRO

Publique seu livro com a Alta Books. Para mais informações envie um e-mail para: autoria@altabooks.com.br

/altabooks   /alta-books   /altabooks   /altabooks

CONHEÇA OUTROS LIVROS DA ALTA BOOKS

Todas as imagens são meramente ilustrativas.

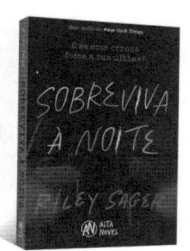

ALTA BOOKS EDITORA   ALTA LIFE EDITORIAL   ALTA NOVEL   ALTA CULT EDITORA

FARIA SILVA EDITORA   Editora ALAÚDE   TORDESILHAS   ALTA GEEK